副総理・財務大臣

麻生太郎の守護霊インタビュー

安倍政権のキーマンが語る「国家経営論」

大川隆法

Ryuho Okawa

本霊言は、2014年6月7日、幸福の科学総合本部にて、
質問者との対話形式で公開収録された(写真上・下)。

まえがき

いやあ、麻生太郎《あそうたろう》さんを見直した。こんな立派な見識をお持ちのいい人だとは、なかなかすぐには判《わか》らない人なのだ。

マスコミを通じての全般的な印象は、「ブラック・プレジデント」風のイメージだろうし、マンガしか読まない、インテリにあらざる人、ってところだろう。

「信仰者の心」と「経営者の眼」の双方をお持ちで、しかも新しいモノ好きの「未来型思考」の持ち主でもある、というのが本書でのイメージである。ズケズケと言うべきことを言う人は、私は基本的に好きである。「有言実行」こそリーダーの条件の一つとさえ思っている。

しっかり安倍政権を支えて、この国に立派な未来を招来《しょうらい》させてほしい。私のほうも微力《びりょく》ながら援護射撃《えんごしゃげき》は考えているつもりだ。

二〇一四年　六月八日

幸福《こうふく》の科学《かがく》グループ創始者兼総裁《そうししゃけんそうさい》　大川隆法《おおかわりゅうほう》

副総理・財務大臣　麻生太郎の守護霊インタビュー　目次

副総理・財務大臣　麻生太郎《あそうたろう》の守護霊《しゅごれい》インタビュー

――安倍《あべ》政権のキーマンが語る「国家経営論」――

二〇一四年六月七日　収録
東京都・幸福の科学総合本部にて

※幸福の科学大学（仮称）は、2015年開学に向けて設置認可申請中です。
構想内容については変更の可能性があります。

「霊言現象《れいげん》」とは、あの世の霊存在の言葉を語り下ろす現象のことをいう。これは高度な悟《さと》りを開いた者に特有のものであり、「霊媒現象《れいばい》」（トランス状態になって意識を失い、霊が一方的にしゃべる現象）とは異なる。外国人霊の霊言の場合には、霊言現象を行う者の言語中枢《ちゅうすう》から、必要な言葉を選び出し、日本語で語ることも可能である。

また、人間の魂《たましい》は原則として六人のグループからなり、あの世に残っている「魂の兄弟」の一人が守護霊《しゅごれい》を務めている。つまり、守護霊は、実は自分自身の魂の一部である。したがって、「守護霊の霊言」とは、いわば本人の潜在《せんざい》意識にアクセスしたものであり、その内容は、その人が潜在意識で考えていること（本心）と考えてよい。

なお、「霊言」は、あくまでも霊人の意見であり、幸福の科学グループとしての見解と矛盾《むじゅん》する内容を含《ふく》む場合がある点、付記しておきたい。

副総理・財務大臣
麻生太郎《あそうたろう》の守護霊《しゅごれい》インタビュー

――安倍《あべ》政権のキーマンが語る「国家経営論」――

二〇一四年六月七日　収録

東京都・幸福の科学総合本部にて

麻生太郎《あそうたろう》（一九四〇〜）

政治家、実業家。福岡《ふくおか》県出身。学習院大学政経学部卒。麻生《あそう》セメント代表取締役《とりしまりやく》社長、日本青年会議所会頭等を経《へ》て、一九七九年に自由民主党から衆議院議員選に出馬し、初当選。経済企画《きかく》庁長官、総務大臣、外務大臣等を歴任し、第92代内閣総理大臣。「自由と繁栄《はんえい》の弧《こ》」構想のもと、価値観外交を推進するとともに、二〇〇八年金融《きんゆう》危機では、ＩＭＦへの資金提供をいち早く表明し、世界的な連鎖《れんさ》倒産《とうさん》を抑止《よくし》。第二次安倍《あべ》内閣では、副総理・財務大臣・金融担当大臣を務めている。

質問者　※質問順

小林早賢《こばやしそうけん》（幸福の科学広報・危機管理担当副理事長 兼《けん》 幸福の科学大学名誉顧問《めいよこもん》）※

九鬼一《くきはじめ》（学校法人幸福の科学学園副理事長・幸福の科学大学学長予定）

加藤文康《かとうぶんこう》（幸福実現党幹事長）

［役職は収録時点のもの］

※幸福の科学大学（仮称）は、2015年開学に向けて設置認可申請中です。構想内容については変更の可能性があります。

1 「反論」に訪《おとず》れた麻生《あそう》副総理の守護霊《しゅごれい》

大川隆法　おはようございます。

本日は、昨日の夜までまったく考えていなかった方で、これが、前の日から内容を予告できない理由でもあります。実は、ほかの人をたくさん用意していたのですが、夜中の三時ごろ、麻生太郎《あそうたろう》さんの守護霊《しゅごれい》が来たのです。

昨日ちょうど、私のところに『文部科学大臣・下村博文《しもむらはくぶん》守護霊インタビュー』と『早稲田《わせだ》大学創立者・大隈重信《おおくましげのぶ》「大学教育の意義」を語る』（共に幸福の科学出版刊）の最初の刷り上がりが届き、その二冊を読んでから寝《ね》たのですが、そのなかで下村さんの守護霊が、「麻生さん真犯人説」というか（笑）、「裏の犯人は麻生さん」というような言い方をして責任回避《かいひ》している部分がありましたので、麻生さんの守護霊も夜中に〝至急対応〟してきました。

確かに、今朝、産経新聞を見たら、本の広告が出ていましたし、「早く手を打たないと、自分のほうが〝本丸《ほんまる》〟だと思って攻《せ》められるといけない」と思ったのでしょう。

しかし、夜中でもいろいろと会話はするもので、麻生さんは経営者的視点を持っていらっしゃるので、そのへんのところはかなり意見が合うというか、分かってくれるところもあり、「文科省とは意見が一致《いっち》していない」ということをだいぶ言っていました。

そこで、今日は、そのへんのところを上手に話してくだされればよいと思いますし、それに関連して、「教育論」だけでなく、あわせて、「日本を取り巻く問題」や「政局」等についての感想や、「宗教」についての感想等も頂ければありがたいと思っています。

この人についての説明はほとんど要《い》らないと思いますけれども、すでに総理大臣をなされた方で、そのあと民主党政権が三年ぐらい続き、安倍《あべ》さんが政権を奪回《だっかい》して、今、副総理・財務大臣でいるということです。

消費税上げのところを財務省がしているので、こちらのほうと敵対していると思っていましたが、若干《じゃっかん》、ニュアンスの違《ちが》いもあるようですので、そのへんも調べる必要があるかとは思っております。

それでは入りましょう。

副総理にして財務大臣・金融《きんゆう》担当大臣である麻生太郎氏の守護霊を、幸福の科学総合本部に招霊《しょうれい》いたします。

麻生太郎氏の守護霊よ。

麻生太郎氏の守護霊よ。

どうか、幸福の科学総合本部に降りたまいて、その本心、政治的な考え方、宗教に対する考え方、国家観、信仰《しんこう》観、その他、時事的な問題も含《ふく》めて、さまざまなことについてお答えくださいますよう、心の底よりお願い申し上げます。

麻生太郎氏の守護霊よ。
どうか、幸福の科学総合本部に降りたまいて、その本心を明かしたまえ。

（約二十五秒間の沈黙《ちんもく》）

2 下村《しもむら》氏守護霊の発言を「濡《ぬ》れ衣《ぎぬ》」と全否定

『究極の国家成長戦略としての「幸福の科学大学の挑戦《ちょうせん》」』は「すごくいい本だ」と評価する麻生氏守護霊

小林　おはようございます。

麻生太郎守護霊　ああ、おはよう。

小林　麻生副総理・財務大臣の守護霊様でいらっしゃいますか。

麻生太郎守護霊　ああ。

※幸福の科学大学（仮称）は、2015年開学に向けて設置認可申請中です。
構想内容については変更の可能性があります。

小林　本日、幸福の科学にお越《こ》しいただきまして、本当にありがとうございます。

麻生太郎守護霊　ああ……、君か。君、わしが休んだあとに、どこかで、なんか、激烈《げきれつ》な演説を打っとったなあ。

小林　いえいえ。まあ、昔の話は水に流すとしてですね（会場笑）。今日は、もう午前三時から、大川総裁のところに、なんかいらっしゃって……。

麻生太郎守護霊　そうよ。早く〝緊急《きんきゅう》会見〟を開かないかんから、夜中にでもなあ。なんか誤解をされとる。わしが主犯みたいに、すごい意見が出版されたっていうことだ。

小林　何かアピールされたいことがおありのように伺《うかが》いましたので、さっそく……。

麻生太郎守護霊　みんなに恨《うら》まれてるんじゃないか。誰《だれ》がそんなこと言った？

小林　そんなことはないんですけれども。

麻生太郎守護霊　大変なことだ。ああ。うん？

小林　では、さっそく本題に入らせていただきます。実は先週……。

麻生太郎守護霊　（『究極の国家成長戦略としての「幸福の科学大学の挑戦《ちょうせん》」』〔幸福の科学出版刊〕を手に取って）おお、いい本だよなあ。

小林　いい本ですか。ありがとうございます。

麻生太郎守護霊　じっつにいい本だよ、君ぃ。

小林　この本に関する、ご感想、コメントを頂くあたりから入ると、ちょうどよいかと思います。

麻生太郎守護霊　いやあ。うん、『究極の国家成長戦略としての「幸福の科学大学の挑戦」』、すっごいいい本だよ。これでなきゃいけないよな。これだよ！　君ぃ。これが待ってたもんだよ。

小林　具体的にどのあたりがよいのでしょうか。

麻生太郎守護霊　もう、全部いい！（会場笑）

小林　そうですか。

「国家戦略に役に立つ大学に投資を惜《お》しむ気はない」

麻生太郎守護霊　いや、もう、大学なんてねえ、国家成長戦略に役立たない大学なんか要《い》らないんだよ。だから、わしらが必要なのはこれであって、こういうものに対しては、金なんか惜《お》しむ気、まったくないんだよ！　わしは。

小林　そうですか。そのへんはさすがに経営者……。

麻生太郎守護霊　うん。当ったり前だよ。

小林　経営マインドをお持ちでいらっしゃいますね。

麻生太郎守護霊　だからねえ、文科省には、「投資」っていう概念《がいねん》がないんだよ、あそこには。

小林　ええ。

麻生太郎守護霊　もう現状維持《いじ》。「護送船団」で、「すでにあるものが一個も潰《つぶ》れないように守りながら、さらに予算を増やすにはどうするか」っていうことばかり考えてるから。それで、ああいうふうになるわけで。

小林　ええ。

麻生太郎守護霊　わしは、リストラして構わないと思うよ。競争力のない、要するに、世の中にとってニーズがない、要求のない、学生が集まらない、経営が成り立たない大学は。まあ、中高もそうだけど、リストラされて結構だと思うんですよ。

小林　ええ。では、財務大臣としては役に立たない大学はリストラし……。

麻生太郎守護霊　そうそう！

小林　こういう役に立つ大学は、積極的に……。

麻生太郎守護霊　役に立たないやつはリストラして……、だから、もっと競争力のあるやつが出てくるべきなんですよ。（競争力のある大学が）出てきて、もっとほかのくだらない大学、潰せよ！

小林　「もっと競争しろ」と？

麻生太郎守護霊　ちゃんと潰してほしい。わしは、潰すのは賛成なのよ。つくるのも賛成。

小林　さすが、そのあたりは経営者でいらっしゃいますね。

「『経営成功学部』で、ぜひ成功してほしい」

麻生太郎守護霊　やっぱり、ちゃんと競争してもらいたい。特に、文科省のやつは、そこに何かいちゃもんつけとるらしいけども、（幸福の科学大学の）「経営成功学」っちゃあ、すごい、すごいよ。

小林　では、具体的に……。

麻生太郎守護霊　これをやらなきゃね。今、これをやる人が必要なんだよ。

小林　はい。

麻生太郎守護霊　「経営成功学部」、これをやってねえ、ほかの経営学部を全部潰してしまえ！　もう（会場笑）。ああ？

九鬼　ありがとうございます。

麻生太郎守護霊　七割赤字の企業《きぎょう》をいっぱいつくって、何の経営学だよ！

小林　税金も払《はら》わないのに、けしからんですね。

麻生太郎守護霊　無駄《むだ》ですよ。だから、法人ばかり守って、減税されてるけども。「ちゃんと税金払ってから言え」っちゅうの。払ってるところが「減税してくれ」っていうのは分かるよ。な？「こんなに税金を取られてきつい。税金が何割もある」「これ、ちょっとまけてくれ」っていうのなら分かるよ。払ってないところがいっぱいあるのに、「減税」って、これ、どういうことなのねえ。

だから、「経営成功学部」で、ぜひとも成功して、もっともっと人気を上げて、全国に伝播《でんぱ》して、刺激《しげき》して、ほかのところの経営学部、ぶっ潰せ！　それと経済学部、ぶっ潰しなさい。それが、私の望みだ。うん。

「成功を目指さない学問は意味がない」

九鬼　いや、ありがとうございます。

私《わたくし》は幸福の科学大学の九鬼《くき》と申します。

麻生太郎守護霊　あ、君は〝有名な〟話題の？

九鬼　はい（笑）、話題の……。

麻生太郎守護霊　クビを狙《ねら》われてる……。

九鬼　そうでございます。

麻生太郎守護霊　あれは、文科省が悪い！　うんうん。

九鬼　ありがとうございます。

麻生太郎守護霊　間違《まちが》いなく悪い！　うん。

九鬼　私どもは、「経営成功学部」には、非常に思い入れが強くございまして……。

麻生太郎守護霊　当たり前だ。（名前から）「成功」を取ったら終わりだよ。「成功」を取ったら、「税金を払わない」っていうことだろう？

九鬼　そういうことになってしまいますね。

麻生太郎守護霊　そういうことなんだよ。成功を取ったら、税金を払わないで済む経営学をやるっていうことだろ？　これねえ、学者の「逃《に》げ」であって、許せない。だから、成功しなきゃ駄目《だめ》だよ！　「百戦百勝」って、これ、まさしく正しい。

九鬼　はい。

麻生太郎守護霊　それを目指すべきだよ。

九鬼　それを目指して、そういう志《こころざし》に溢《あふ》れる学生を……。

麻生太郎守護霊　可能性としては、実際にはなかなか難しいけども、でも、やっぱり百戦百勝を目指して、理論的に百戦百勝する方法を考えて、実際の経営上、失敗もあるかもしらんけども、目指さなきゃ分からないよ。

小林　「成功を目指さない学問は意味がない」と？

麻生太郎守護霊　ない！　もう要らない！　そういうところには投資する気はない！　まったくない。

小林　それが、こう、財務大臣の見解であられますね。

麻生太郎守護霊　そうそうそうそう。

九鬼　はい、ありがとうございます。

「『未来産業学部』には、国家予算を投入してやる」

麻生太郎守護霊　あと、「未来産業学部」もすっごくいい。あんなの、もったいない。もっともっとやれよ。ロボットだけでは……。そんな、もっとやれよお。

九鬼　いや、本当に広げたいと思っています。

麻生太郎守護霊　いやあ、国家予算投入してやるよ、ほんと。

九鬼　ああ、そうですか。ありがとうございます。

麻生太郎守護霊　もっとやれよ。ロボットだけだったら、君、孫《そん》さんのところの、あれ何だっけ、ソフトバンク？　あんなところでやってるじゃないの。失敗しながら、なんとか。

九鬼　はいはい。

麻生太郎守護霊　ＰＲの日に動かなくなったりするようなロボットを出してるけど

さあ。

九鬼　ロボットから始めて、どんどん広げていこうと思っています。

麻生太郎守護霊　いやあ、もう、あらゆる未来産業に手を出してほしいとこで、もしそれが花開くんだったらね、もう……。わしは、これはもう投資の価値はあると思ってるのでね。これが分からなかったら経営者なんて絶対務《つと》まらないんですよ。

九鬼　そうですね。ロボットだけではなくて、メカトロニクスで、だいたい二十年後に二十兆円ぐらいには行くと思っていますから。

麻生太郎守護霊　もう何でもええ。「食料になる虫」をつくってくれても結構だし、「新エネルギー」を開発してくれても結構ですよ。実に、それは国にとって必要なものなので。

「幸福の科学大学に反対している役人はクビにしてやる」

麻生太郎守護霊　いや、わしは（幸福の科学大学の認可を）反対する意味はまったくないし、「予算をつけられない」なんて言った覚えはまったくないのでね。

護送船団でやってる、くだらない大学から中高……、まあ、中学は駄目かもしらんけど、高校あたりで、不良と不登校をいっぱい出して、暴力学生が跋扈《ばっこ》してるようなところなんか、いつ、ぶっ潰れても構やしねえんだよ。そんなもん、要らないんだ。学校に行きたくないなら、やめたらいいんだよ。

小林　そうしますと、「下村《しもむら》文科大臣守護霊の発言は濡《ぬ》れ衣《ぎぬ》だ」と。

麻生太郎守護霊　「濡れ衣」っていうか、文科省には経営学はないんだよ、基本的には。そういうことなんじゃないか？

九鬼　なるほど。非常に、財務省の方々の顔色を窺《うかが》いながら、お仕事されているように感じているのですけれども。

麻生太郎守護霊　いや、トータルでは、そうでしょうよ。「今よりも予算が増えなければ、新設校は認められない」っていうのが、彼らの自己定義でしょ？　「今まで、全部正しいわけで、これにさらに増やすっていうことは、もうちょっと予算の積み増しが必要だ」と。それを説得するのは難しいよ。こちらは不採算部門を削《けず》ってほしいからね。それはそうだから。

やっぱり、それ（前掲《ぜんけい》『究極の国家成長戦略としての「幸福の科学大学の挑戦」』）を読んで分からないんだったら、まあ、文科省の役人の名前をリストにして、わしのほうに送ってくれよ。クビにしてやるから。

クビにできるのは、文科大臣だけだと思ったら大間違いですよ。財務大臣が「予算を出さん」って言ったらクビにできるから。そりゃあ、当たり前じゃないかよ。「そんなやつがいるかぎりは出さん。びた一文《いちもん》出さん」って言ったら、それで終わりだよ。

九鬼　ええ、そうですね。

麻生太郎守護霊　もう、出向《しゅっこう》だよ。どこかに転出《てんしゅつ》になるから。こっちだって人事権ぐらいあるんだぜ、そういう意味で。

小林　さっそく、名簿《めいぼ》を用意しますので（会場笑）。

九鬼　はい（笑）。

麻生太郎守護霊　どいつが、そんな邪魔《じゃま》をしとるのかね。商売やったら、百パーセント失敗するやつだと思うよ。

九鬼　やはり、経営者の実績のある麻生副総理が、今、財務大臣をやっておられるというのは、非常に心強く思っています。

麻生太郎守護霊　そう、そう、そう、そう。だから違うんだよ。全然反対してない。これは「濡れ衣」だから、一日も早く正しておきたい。

3　文科省の「教育行政」の姿勢を斬《き》る麻生氏守護霊

「民主党の『高校無償化《むしょうか》』は間違《まちが》っている」

加藤　総理、おはようございます。

麻生太郎守護霊　おはよう。

加藤　「さすが元総理にして、経営者」というかですねえ……。

麻生太郎守護霊　ああ、総理は昔なんだよ（会場笑）。俺《おれ》、今、副総理に落ちてんだ。うん。

加藤　失礼しました（笑）。ところで先ほど、「やはり教育行政にも護送船団方式はよろしくない」というご見解を伺《うかが》ったのですけれども。

麻生太郎守護霊　よくないねえ。

加藤　そこで、ご見解をお伺いしたいのは、民主党政権時代に実施《じっし》された、「高校教育の無償化《むしょうか》」のことです。このあたりについて、どうお考えですか？

麻生太郎守護霊　あれは嫌《いや》だねえ。まあ、中学までは義務教育っていうことだから、しょうがないとしても、高校は……。

だから、勉強にもついていけなくて、遊びたくてしょうがないのがいっぱいいるんだろう？　働けよ！　働いたらいいんだよ。

いわゆる、ドイツみたいに「マイスターを目指す」っていうかなあ。そういう技術者や専門職は、もう十五歳《さい》ぐらいから修行《しゅぎょう》に入ったほうが身につくのよ。パン職人から機械工から大工《だいく》から、何でもそうだけど、そういう職人系の仕事は早いほうがいいんだ。大学を卒業したら遅《おそ》いんだよ。音楽家でも何でもいいけどもね。

必ずしも、高校の普通《ふつう》科に行く必要なんか、ないんであってね。「みんな行かせるためには、タダにする」っていうのは、ちょっと間違《まちが》ってるんじゃないかなあと思うし、「国として、若い戦力を養成する」ということから見ると、やっぱり、間違いがあるんじゃないかねえ。

それと、私立校に行ってる人との格差の開きは……、大学は、私立も国立も近づいてきて、高くなってきたけど、高校は、「ゼロ」対「ものすごい額」になる。百何十万か、すごく開いてる。

だから、これはちょっと不公平すぎるけど、私立にはそんなに援助《えんじょ》ができないし、半額以上も国のほうが補助するっていうわけにはいかんからねえ。

やっぱり、ここの民主党のバラマキは、選挙に勝つためのバラマキ作戦だけど、これは、やっぱり経営の実態がね……。経営的に見て、高校教育がよくなっているというんだったら、それを重点的に考えることも大事かとは思うけども、「ゆとり教育をやって目茶苦茶《めちゃくちゃ》にしといて、さらにタダにして」っていったら、もう、教員はサボり放題じゃん。もう、日教組《にっきょうそ》の天下じゃん。そうじゃない？

小林　そうですね。

麻生太郎守護霊　成果が要《い》らないんでしょ？

小林　「手を抜《ぬ》けば抜くほど補助金がもらえる」というのは、ひどいですよね。

麻生太郎守護霊　これはないでしょう。

だから、みんな、私立に行きたがって、「生活が苦しい」って言うんでしょう？　いい教育を受けたいから私立に行きたいけど、年間、百何十万も払《はら》うのは難しいし、塾《じゅく》でも、また、塾代を百万円以上払って、両方で年間二百万円以上を払って、それでも「私立に行きたい」って言うんだろう？　公教育が悪いからだよな。

だから、実際上、これは〝破産状態〟なんだよな、企業《きぎょう》で言やあな。「破産してるところに、どこまで金をつぎ込《こ》むか」っていやあ、それは経営判断として重要ですよ。ほんとは、リストラが少し必要だし。

いや、もしかしたら、何て言うのかなあ、東京の学区のなかで業績のいいところだけ、無償化を検討するとかね。あるいは、授業料を軽減していくっていうのだったら、それは分かるけど。

だって、払える人はいっぱいいるもんなあ。だから、生活が苦しいところを免除《めんじょ》するのは、私は反対じゃないよ。それは教育する側の義務だと思うから。

小林　「文科省は、そういうところにこそ、しっかりメスを入れるべきだ」ということですね。

麻生太郎守護霊　そうですよ。

例えば、わしのところの子弟《してい》なんか、高校無料にしてもらう必要なんか、全然ないわけでね。だから、そんなのは、払えるところが払ったらいいんであって、払えないところは、ちゃんと底上げしますけどねえ。全員を平等にしないかん理由はない。これは、完全な共産主義じゃんか。ねえ？

小林　そうですね。まさにそのとおりです。

麻生太郎守護霊　おかしいよ、これ。

小林　おかしいですね。

「文科省の〝護送船団方式〟は間違《まちが》いだ」

麻生太郎守護霊　で、実際ほんとに、高校に行きたくない人まで、無理やり行かそうとしてるんだけど、それが幸福かどうかは分からないよ。さっき言ったように、やっぱり、手に職をつける仕事に就《つ》く人には、幸福な場合もあるからね。だから、向かないと思えば辞《や》めたらいいいんで。今は高校中退して、フリーターとか、もういっぱいいるからねえ。これはやっぱり間違《まちが》ってるんだと思うよ。

小林　文部行政全般《ぜんぱん》に、意味のない「悪平等」がはびこりすぎています。

麻生太郎守護霊　うんうん、そうそう。

小林　「そういう感じだ」ということなんですね？

麻生太郎守護霊　そうね。だからね、もうちょっと競争戦略を入れるべきで、あの日教組《にっきょうそ》の跋扈《ばっこ》を止《と》めないといけないと思うなあ。彼らには、そういう経営観念がないんだろうからねえ。

だから、「サボった者ほどもらえる」みたいな、こういう社会はつくっちゃいけないよ。

小林　ありがとうございます。

麻生太郎守護霊　だから、みんなが、昔のＪＡＬ《ジャル》、再建前のＪＡＬみたいになってるんでしょう？　教育が。これにはメスを入れなきゃいけないので、厳しく言ってるけど。それを違う意味で、〝護送船団方式〟を守りながらやっていってるわけでしょう？

だから、「新規校を認めて、潰《つぶ》れるところが出たら困る」とかいうのは、間違いですよ。

小林　間違いですね。

加藤　私たち幸福実現党も、二〇〇九年の立党以来、高校教育の無償化に対しては、文部行政のなかでも、おかしなものの象徴《しょうちょう》であると考えています。そういった意味では、今の麻生副総理守護霊のご見識を伺って、非常にうれしいと申しますか、心強く感じました。

麻生太郎守護霊　資金は、捻出《ねんしゅつ》しなきゃいけないから、捻出するには、やっぱり、そらあ、赤字部門を閉じて、黒字部門のほうに資金投下する。そんなのは当たり前のことじゃない。なあ？　経営的には。「経営学」的にはねえ、当然のことだよなあ。

だから、倒産《とうさん》してる学校がいっぱいあるわけだよ。事実上の倒産状態。タダにして首に縄《なわ》つけてでも引きずっていこうとしてるんだけど、まあ、無理なもんは、無理ですよ。私はそう思うねえ。

塾とのダブルで費用がかかりすぎてるから、少子化が進んでるんだろう？　これはやっぱり、公教育をよくしたら、子供が増えることになると思うよ。

文科省には「国家の経営や成長の観点」が欠けている

小林　はい。まさにそのとおりだと思います。文科行政に対するご見識を頂きました。
今回も、たまたま幸福の科学大学の申請《しんせい》に伴《ともな》って出てきた話ではあったのですが、まさに大臣がおっしゃるとおり、単に一大学の申請の問題ではなく、根本的に、考え方におかしいところがあると思います。

麻生太郎守護霊　おかしい、おかしい。だから、「国家の経営」や「成長」っていう観点がねえ、一つ入ってないっていうか。なんぼ言っても分からんやつには分からんので、ここは、どうしようもないんだよなあ。理解しないやつが、やっぱりいるので。

だから、基本的に、社会主義っていうか、共産主義になっていくというのは、結局、「凡庸《ぼんよう》の塊《かたまり》になると、そうなる」ということなんだよな。要するに、「智慧《ちえ》がない状態になると必ずそうなる」ということなんだよねえ（笑）。

九鬼　文部科学行政では、素晴《すば》らしい人材や智慧のある人材を育てていくはずなんですが、結果的に行っておられることは、一律的なかたちになってしまっています。一生懸命《いっしょうけんめい》にプロジェクトなどを使って、格差をつけ、予算を配分しようとは思っていらっしゃるようですが、その根底にあるのは、どうしても「ゼロサム的な考え」かと感じています。そのため、なかなか、成長戦略にはご理解いただけないかなと……。

麻生太郎守護霊　まあ、今まで自分らが認可したものについて、「間違いだった」とは認めたくないからでしょうねえ。そうなんだけど。

実際は、企業にはみんな寿命《じゅみょう》があって、潰れるところがいっぱいあるわけ。お店だって、そうだからねえ。やっぱり見直しは要《い》るでしょうねえ。

だから、私は競争をかけてほしいほうなので、教育に、ちょっと競争戦略をかけていただきたい。

だから、「学校が潰れたりすると、生徒が困るから、そういうふうになったら困るんだ」って言うけど、「絶対、潰れない経営」なんていうような、そういう、「〝護送船団〟によって、潰れなきゃいい」っていうのは、やっぱり、ちょっと問題だなあ。

小林　その考えは堕落《だらく》だと思われるんですね。

麻生太郎守護霊　うん。堕落ですなあ。

4　「消費税上げ」に対する意外な本音

「『消費税上げして企業《きぎょう》減税』は、悩乱《のうらん》している」

小林　今日は、さまざまな角度から、お話を伺《うかが》いたいのですけれども、幸福の科学といいますか、幸福実現党が、消費税に関して、非常にユニークなメッセージを発信している部分もあるので、ここ二、三年ほど、自民党、あるいは財務省とは、微《び》妙《みょう》な距離感《きょりかん》が続いていたと思います。

今、消費税については、増税プロセスにはあるのですけれども、そのあたりに関して、大臣のご見解といいますか、「ご本心」ということになるのかもしれませんが、まあ、ちょうどよい機会ですので、お言葉を頂けるとありがたいと思います。

麻生太郎守護霊　まあ、〝嫌《いや》な役回り〟が回ってきてるんでねえ。ちょっと、つらいはつらいんだけど……。

今はちょうど、「企業《きぎょう》に対して、五パーぐらいの減税をかける」っていうのをやらされようとして……、まあ、「来春からやれ」っていうようなことで、安倍《あべ》さんのほうが強く言うてくるんでさあ。「国際競争力をつけるため」っていうんだけど、これにも、さっきの、高校の無償化《むしょうか》に似たようなものが、少しあってなあ。

企業に減税をかけるんやったら、消費税上げっていうのが、やっぱり……。四月から上げたんだろう？　それで、今、六月だろ？　六月で、企業減税を急いでるんでしょ？

こらあ、「消費税上げは間違《まちが》いだった」っていうのを認めたのと一緒《いっしょ》じゃないか。

小林　そうですね。実際の納税者は両方とも企業になりますのでね。

麻生太郎守護霊　そうですよ。

小林　ええ。

麻生太郎守護霊　それで、たちが悪いことに、消費税のほうは、弱者だって、いじめることになるからね。収入のない人でも、消費税を払《はら》わなきゃいけないからねえ。だから、これが正しかったのかどうか……。君らは、「時期尚早《しょうそう》で、上げるべきでない」と言ってたけど、企業減税をかけて、チャラパーにするんだったら、上げる必要はなかったわね。

つまり、消費の冷え込《こ》みをもたらしただけ、混乱を起こしただけになるわね。わしは、そう感じてるけども。

まあ、安倍さんが、「両方」からの意見をきいてしまったのもあるかもしれないが、とりあえず、自分の任期中はチャラパーに近づけて、要するに、「『消費税上げ』と『企業減税』とで、トータルで企業の競争力が落ちないようにしよう」と考えているんだろうとは思うので。

結局、安倍政権は、近年まれに見る「いい政権」というか、支持率の高い政権で、仕事もやろうとしてるから、できるだけ、一日も長くやらせてやらないかん。

わしは、支える立場にあるんで、なるべく、彼の考えることをやろうとは思うてはおるけども、経営者として見てみたら、「消費税上げを言って、給料を上げてくれって言って、企業減税をかけて」って……、これは、だいぶ悩乱《のうらん》してるとしか……。

小林　まあ、確かに、支離滅裂《しりめつれつ》に見えるかもしれない……。

麻生太郎守護霊　もう、目茶苦茶《めちゃくちゃ》ですわ。はっきり言やあねえ。

再びの消費税上げに、「どうせ俺《おれ》は使い捨て、嫌《いや》な役回り」

小林　そうしますと、毎週の、大臣の定例記者会見でのオフィシャル・ステートメント（公式声明）は別にして、本心としては、だいたい、今言ったあたりが、実際の感想であるという……。

麻生太郎守護霊　うん。だからまあ、「原資をよこせ」と言うてるわけで、「減税しろと言うなら、企業のほうで、財源をつくり出してくれ」って、お願いしてるぐらいでしてね。

小林　ええ。

麻生太郎守護霊　「法人税を払わずに逃《に》げとる七割の企業たちに、財源をつくっていただきたい」っていうところだ。

減税したら、ほんとに、税金を払わなかった企業が払ってくれるようになるんかい？　今は一円も払わなくていいのに、それが黒字になって、プラス幾《いく》らか払わないかんようになるけど、少なければ払うんかい？　そんなことはないでしょう？

残りの三割の企業の納税も減るだけのことでしょ？　単にね。

小林　ですから、「経営成功学部」では、そのあたりの、「企業は黒字化を目指して税金を払おう」という「経営哲学《てつがく》の部分の立て直し」も目指しているわけです。

そうしますと、「表向きは、あまり大きな声では言えないけれども、事実上、結果的には失敗だった」という感じでしょうか。

麻生太郎守護霊　うーん。もう一回あるからさあ。消費税の引き上げが、もう一回あるから、俺《おれ》は、「嫌《いや》な役だなあ」と思うけど、どうせ、俺は〝使い捨て〟っていうか、もう総理が一回、終わってるからさあ。「もう一回、使ってもらえるから、討《う》ち死にせよ」とのことだと思うので……。まあ、しょうがないからやるけどねえ。もう、七十三歳《さい》で先がないからさ、次の総理はないと思ってるんで、嫌な役をやりますけどねえ。

財務省のほうも、そりゃあ、「消費税を上げたい」っていう意見は、歴代ずっとそうではあるけども、日銀がせっかく金融緩和《きんゆうかんわ》をしたのに、なんだか、その効果を打ち消したような感じは、やっぱり残りますよね、どうしてもねえ。

九鬼　ええ、そうですよね。

麻生太郎守護霊　金融緩和をして、企業にどんどん融資して、消費を活発にして、企業活動も活発にするのが目的のはずなのに、消費税上げしたら、そりゃ、不活発になる。当然ながら、みんなの財布《さいふ》のひもは締《し》まってくるわね。

要するに、せっかく日銀が緩《ゆる》めた資金が回転しないわけだねえ。

加藤　麻生大臣のお話を伺っていますと、政治家として頂点を極《きわ》めながら、一方では、やはり、「経営者的な視点」というものを非常に大事にしていらっしゃる感じがいたします。

麻生太郎守護霊　うん。

加藤　そこで、多少、先ほど来のお話のまとめのかたちになるのですが、本年四月のタイミングでの消費税の引き上げというのは、やはり、少し時期尚早《しょうそう》と申しますか……。

麻生太郎守護霊　いやあ、正しかったのは君たちだけだよ。うん、本当は。

加藤　ええ、ただ一方で、この四月に消費税を上げておきながら、六月には、すでに法人減税の話が出てきています。これは、明らかに、政策として矛盾《むじゅん》があるように感じてならないのですが。

麻生太郎守護霊　まあ、経済学だけではないんだよね。だから、それと、「集団的自衛権」とかも、また一緒になったりして、そちらを通すために、こちらの減税を組み合わせて人気を取ろうとしてる。こういうことが合わさるのが政治だからね。変なところがあるから。

勝栄二郎《かつえいじろう》・元財務事務次官の視野は「やっぱり狭《せま》い」

小林　では、分かりやすい表現で言いますと、例えば、勝栄二郎《かつえいじろう》という事務次官がいらっしゃいましたが、彼に対する見方についてコメントを頂ければ、おそらく、そのへんがクリアになってくるかと思います。

麻生太郎守護霊　君らが（勝栄二郎氏の守護霊の）霊言集《れいげんしゅう》を出して、〝撃《う》ち落とした〟ということになっているけど、まあ、（彼は）視野が狭《せま》いよな、やっぱりな。自分らの役所のことしか考えてないところがあって、全体の国家経営まで頭がいってないと思うな、私はね。「とにかく増税できれば勝ち」っていう考え方なんだろうけど、経済学全体が見えてるかどうかっていうところがねえ。

だから、消費経済が（経済全体の）六割もあるのに、これがきつくなってるし、今、予想外の〝税金〟を払わされてるよね。輸入代金が上がってるよな、円安で。

小林　ええ、そうですね。

麻生太郎守護霊　やっぱり、この部分が上乗せになって物価が上がってきてるし、消費者物価指数が三・何パーセントか上がってるのに、給料が一パーセント上がるか分からないって言ってるのは、これは逆だよなあ。つまり、みんなが貧《まず》しくなってきとるわけですから、アベノミクスと言いつつ。

それで言うたら、輸入代金が上がってるから、電気料金も上がってるわなあ。それで、代替《だいたい》エネルギーとかクリーンエネルギーとか言ってるけど、「タダでできると思ってるのか」ということだね。

みんな、自然のものなんか、タダだと思いがちだよなあ。風力だとか太陽光だとか、タダだと思ってるよ。あんなのは業者が入ってだな……、まあ、業者と言ったら悪いけど、ソフトバンクだとか楽天《らくてん》だとか、そういうやつらが入ってきて、太陽光パネルとかを東北に張り巡《めぐ》らせてやろうとか、いろいろ考えてるわけやけど、あれだって金がかかるんだからさあ。タダじゃねえよ。

九鬼　ええ、すでに、電力料金のなかに、それが転嫁《てんか》されて、負担が増えているんですね。

麻生太郎守護霊　そうだよ。東北なんか、もう、曇《くも》りと雪と雨とで、太陽が射《さ》してる日なんか少ないいんだよ、ハワイじゃねえんだから。

加藤　先ほど、「損な役回りだ」というようなお話も、少しおっしゃっていましたが、ずばり、消費税が八パーセントから十パーセントに引き上げられることについて、財務大臣としてどうなさいますか。

麻生太郎守護霊　いやあ、これはちょっと、何て言うのかなあ、ほかのところで景気を冷え込ますっていうか、経営的に問題があることがいっぱいありながら、そこだけ上げるっていうのは、なんか、ちょっと知恵が足りないっていうか、まあ、国民に負担が行きすぎるわなあ。

だから、原子力に関しても、君らは推進に賛成してるけど、最初は君らしか言ってなかったわな、はっきり言ってなあ。自民党だって、選挙前は怖《こわ》くて言えなかった。反対して、「凍結《とうけつ》、あるいは廃止《はいし》する。二〇二〇年か三〇年には廃止」みたいなことを言わざるをえない状況《じょうきょう》で、そうしないと選挙に勝てなかったけど、君らが「やれ」って言った。

やっぱり、あれは、すでにできてあるものだから、コスト的にも、輸入は伴《ともな》うけども、ごく少量でできる。本当は、高速増殖炉《ぞうしょくろ》「もんじゅ」みたいなやつが夢のエネルギーだよな、「幾らでも使える」っていうのは。

本当は、あれこそが理想的なもので、使っても使っても、減らないなんていうのは、日本みたいに資源のない国にとっては理想だよね。エネルギー自給率四パーセントっていったって、実際上、本当にないんだからねえ。

だから、原発反対論者によるデモでは、安保《あんぽ》のときみたいに首相官邸《かんてい》が囲まれて、すごいやられてたのに、君らはよくぞ〝斬《き》り込み〟をかけてくれたとは思っててるよ。

小林　その話題に入る一歩手前の話として、少し、永田町《ながたちょう》的な話題に転じたいと思うのですが。

麻生太郎守護霊　ああ、永田町。

5　幸福実現党の提言は「ほとんど合っている」

「大川隆法さんに、ぜひとも総理大臣をやっていただきたい」

小林　先ほど、いみじくも、「これが最後の仕事だから」と、永田町《ながたちょう》的には非常にメッセージ性のある一言《ひとこと》を頂きました。ある種、疑心暗鬼《ぎしんあんき》とは言いませんけれども、いろいろな政治家が、さまざまな見方をしておられると思いますので、そのあたりに関する副総理のお考えを頂けないでしょうか。政治家同士ですと、横の連絡《れんらく》も、それほど多いものではないと思いますので。

麻生太郎守護霊　うん、うん。そう、そう。

小林　こういう機会に言っていただけるのも、ある意味では、われわれが、こういう霊言《れいげん》を収録していることの一つの付加価値ではあるかなと思いますので。

麻生太郎守護霊　ああ、ここが〝国会の代わり〟になったよな。まあ、はっきり言えば、国会中継《ちゅうけい》なんか観《み》たって、全然分からないよな。役人が、両方の質問も答えも書いて、何を言うとるか分からんようなことばかり中継してるけど、全然面白《おもしろ》くないよね。本音が何も語れないんだからね。何か言ったら、損するようになってるからさ。あれは意味ないよな。

だから、君らが〝国会の代わり〟をしてるんじゃないかなあ。まさしく、これが国会中継の代わりなんじゃないか（会場笑）。

小林　ええ、そういう意味で、巷間《こうかん》、言われておりますのは、安倍《あべ》さんが「奇跡《きせき》の復活」といいますか……。

麻生太郎守護霊　うん。まあ、あれはありがたいことだけどね。

小林　ええ、されましたので、「麻生さんはどうされるのか」というような、ものの見方というか、噂《うわさ》が駆《か》け巡《めぐ》っているかと思うのです。そのあたりについては、いかがでしょうか。

麻生太郎守護霊　いや、俺《おれ》はそんなに、このあと、やる気はないね。ただ、経営者的な視点を持って、財務大臣とか、あるいは、首相とかができるような人が、ほかに見当たらないので、ここが人材的にはつらいというところだなあ。
　こんなことを言ったら、君らにきっと怒《おこ》られるんだろうけども。わしは、大川隆法さんには、議席を取ってほしかったんだけどな、本当はな。
　幸福実現党と言わず、自民党から出てもらったほうがよかったんで。自民党から出れば、東京で出ても、徳島で出ても、当選するよ、たぶん。だから、ぜひ、ぜひ、ぜひとも、財務大臣、総理大臣をやっていただきたい。安倍さんの次をやっていただきたいくらいだ。

小林　その前にちょっと、あの……。

麻生太郎守護霊　ああ？　飛びすぎたかい？

小林　ちょっと飛びすぎと言いますか……。

麻生太郎守護霊　ああ、そうかい。

「四百キロの防潮堤《ぼうちょうてい》」などは「無駄《むだ》なことだ」

小林　先ほど、原発とかについて、いろいろコメントを頂いたのですが、そうしますと、総じて、今、幸福の科学、あるいは幸福実現党に対しての具体的な見え方というのは、副総理としてはどんな感じなのでしょうか。

麻生太郎守護霊　うん、合ってると思うよ。君らが言ってることは、「ほとんど合ってる」と思う。ほぼ、合ってると思うよ。

それから、「原発なんか、そんなに問題にするな」って君らは言ってる。まあ、「マグニチュード9・0なんか、もうしょうがないよ。そんなの諦《あきら》めろ」って言ってるんだろ? 「そんなのまで考え込《こ》んで、通常のものはできやしない。9・0が起きたら、何をやったって、もう終わりだ」って言ってるんでしょ?

天然ガスだろうが、太陽光パネルだろうが、風力発電だろうが、火力発電だろうが、ダムだろうが、マグニチュード9・0が来たら、もうみんな終わりだよ。そんなのね。それは、そのときに対策するしかないんであって、来るか来ないか分からないもののために、万里《ばんり》の長城《ちょうじょう》みたいなのを、あんまり考えすぎるのは、ちょっと問題だと思うよなあ。

だから、今、全長四百キロからの、なんかねえ、あの……。

加藤　ええ、防潮堤《ぼうちょうてい》をつくるという話もございます。

麻生太郎守護霊　まあ、それは安全かもしらんけども、住んでる人が、ちょっとしかいない場合が多いからねえ。だから、採算が合わない部分が、かなりあるよな。それだったら、安全なところへ行ってもらうなり、高台に住んでもらうなりしてもいいしなあ。

やっぱり、守らなきゃいけないところもあると思うよ。要所要所、大事なところもあるけども、全部、島全体を、まあ……。あんたねえ、オランダじゃねえんだからさあ、海抜《かいばつ》ゼロメートル以下のところで、みんなが住んでるんだったら、これを守るには、全部囲むしか方法はないけどさあ。オランダじゃないんだから。「移動の自由」はあるんだからさあ。

小林　「もうちょっと智慧《ちえ》を使え」っていうことですね。

麻生太郎守護霊　だから、大事なところはつくるべきだと思うけど。万里の長城みたいなのをつくったって、そりゃあ、さすがに無駄《むだ》があるんじゃねえか。

これは、民主党の反対で、「コンクリートから人へ」のあと、今度、コンクリートばかりでもいけないんであって。

それだったら、大事なところは今つくって、それほど人口密度がないようなところだったら、街の中心部に、一つガシッとした、何か津波《つなみ》に流されない程度の強さで、一定の高さのあるような象徴的なものを一つつくっといたらいい。「いざというときには、ここに避難《ひなん》してください」っていうところが、何か一個あればいいんじゃないの？　それは商業施設《しせつ》としても、きっと使えるからさあ。

小林　そうですね。

麻生太郎守護霊　まあ、ちゃんと利用価値もあるよ。堤防だけじゃ、景色《けしき》が悪くなるだけだ。

加藤　やはり、予算というのは国民の血税でもありますし、要所要所で、本当に必要なところに使ってこそ、効果があると思うんです。

麻生太郎守護霊　うん。そう、そう、そう。

加藤　そういった意味では、総延長四百キロメートルの防潮堤は、国民の生命を守るのは大切なのですが、やはり、「ちょっといきすぎかな」という感じがしております。

麻生太郎守護霊　まあ、つくっているうちにさあ、今度は火山が爆発《ばくはつ》したりしたら、どうするんだよ。堤防つくっている途中《とちゅう》で火山が爆破したら、火山の噴火口《ふんかこう》をセメントで埋《う》めるのかよ。どうするんだよ。

何が起きるか、それは分かんないからさあ。

防衛予算を増やすのは「当たり前だよ」

小林　今、原発政策以外のところで、例えば、幸福の科学や幸福実現党の発信のなかで、このへんが、なかなか効果的だったというような……。

麻生太郎守護霊　いや、防衛のところを、ずいぶん言ってくれたわなあ。この五年間、ずっと言ってくれたし、現実の政治では、その五年後に、そのとおりになってるわな。

安倍さんも、今、外国まで行って、ベトナムやフィリピンに対する中国の覇権《はけん》主義を批判してるし、日本の防衛も大事だってことをPRしてるよな。あんな総理、今までいなかったからね。ああいう総理が出てこれたってことは、やっぱり君らが言論でそうとう「下ならし」をしたのが効《き》いてるよな。間違《まちが》いなく効いてる。

強気《つよき》になれたのは、そういう理由だ。君らの言論には、マスコミを黙《だま》らせる力が、かなりあったわな。

加藤　ただいまの防衛予算の話が出ましたが、幸福実現党でも、この国防上の危機を考えますと、現在の防衛予算約四兆数千億円では、まだまだ少ないと。もっともっと増やさなくてはと……。

麻生太郎守護霊　当たり前だよ。中国が十倍になってるのにさあ。

加藤　少なく見積もっても日本の五倍、六倍は使っていると。

麻生太郎守護霊　ええ、ボンボン増えてるのに、こちらは一緒《いっしょ》のままで、あるいは微増《びぞう》ぐらいでやってる。これは、太刀打《たちう》ちできない。そんなの当然じゃないですか。

加藤　そういった意味でも、やはり予算のメリハリのある使い方というか、本当に必要なところに使ってこその予算であり、税金ですよね。

麻生太郎守護霊　「法律の整備」だけが防衛じゃないんだよ。片方が、そんなに軍事予算をガンガン増やしていて、もう片方が一緒だったら、ものすごい格差が開いていくに決まってるじゃない。

だから、法律だけで防衛ができるわけじゃなくて、ちゃんとした装備がなかったらできないわけですから。それは、やっぱり、対応する装備をつくらなきゃいけないよ。「防衛予算を増やせ」っていう世論《せろん》なんか、全然盛り上がらないじゃない。

小林　それは、ぜひやるべきですね。

麻生太郎守護霊　やるべきですよ。

福祉《ふくし》に金を使いすぎるのは「問題がある」

麻生太郎守護霊　だから、防衛予算を出さなきゃいけないのに、消費税からそれを持ってくることさえできないわけで。「全部、福祉《ふくし》に使う」と言ってるわけですから。
私は、福祉のほうは、ちょっと問題あると思ってるんですよ。

小林　ええ。

麻生太郎守護霊　いや、必要なもんもあると思うよ。それは、もちろんあると思う。だから、それはさっきのと一緒で、学校でも、「親が貧しいけど子供が勉強したい」というなら、やっぱり勉強させてやるための下支《したざさ》えは、政治として要《い》ると思うけども。福祉だって、どうしようもない人もいるからさあ。それは多少助けてやらないといかん面もある。ただ、この前話題になったけど、「芸能人で収入が五千万もある人の母《かあ》ちゃんに、なんで生活保護を出さないかんのか」って話があったでしょ?こういうのが、いっぱいあるわけよ。

小林　ええ。

麻生太郎守護霊　ほんとはねえ、もうちょっと親族で助け合うっていうかさあ、「家族・親族から一人ぐらい金持ちを出せよ」って。やっぱり、老後に備えるぐらいの努力として、家族・親族等の結束で、一人ぐらいは誰《だれ》か金儲《かねもう》けのできる人間をつくらないといかんよ。そのために、昔は親戚《しんせき》のおじさんとかが、甥《おい》っ子に金を出したりしてたわけよ。一族で誰かは成功者を出しておかないと、老後が危険だからね。

昔は、年金とか、何もなかったんだからさあ。それで、成功者を出すために、どこかの金を持ってる人が、若い将来性のある奴に投資してたわけよ、一族を守るためにね。実際、誰が優秀《ゆうしゅう》か分からんもんねえ。

九鬼　今年の大学申請《しんせい》でも、新設大学で申請しているところは、私ども以外のところは、みな看護や医療《いりょう》福祉系の人材養成ということになっています。

麻生太郎守護霊　それ、いっぱい金を使うんだよな。大学だけじゃなくて、そのあとも金を使うんだ。ずーっとな。

九鬼　私どもは、お金を稼《かせ》ぐほうの人材を養成したいと思ってるので、「プラスとマイナス」と言ってはなんですけれども、「お金を稼ぐほうと、使うほうと、どちらを取るか」という問いかけなのではないかとも思っているのです。

麻生太郎守護霊　まあ、わしも歳《とし》で、七十代だからさあ、あんまり年寄りいじめみたいなことは言いたくはないけどさあ。やっぱり、八十過ぎたら、何て言うのかなあ、言葉を選ばなきゃいかんけど、元気だったらいいっていうわけじゃないんだよ。まあ、「元気で、多少働けたり、世の中のお役に立ててたりしてる」というならありがたいよ。だけど、「元気だけど、消費だけしてる」とか、あるいは、「元気になるために、病院費を払《はら》って、病院が繁盛《はんじょう》してる」っていうね。それは、国家が繁栄してると言えるかっていったら、やっぱり病院が繁栄していて、国家が繁栄してるとは言えないんじゃないかな。

人件費だって出るしなあ。病院系の収入は上がると思うけど、ちょっと違うよな。病人っていうのは、基本的に働けない人だから。

小林　まさに、そういう発言をされて、「人間には死ぬ時期を選ぶ権利がある」というような発言をされたら、マスコミから袋叩《ふくろだた》きに遭《あ》って……。

麻生太郎守護霊　そらあ……。

小林　本当は、おっしゃりたかったことが、それについてたくさんおありだったのだろうというふうに……。

麻生太郎守護霊　そらねえ、「人殺しか」って言われるからさあ。だから、それは〝人殺し〟よ。「イエスは三十三で死んだんやから、長生きしようなんて、そんな欲持つな」って、言いたかあなるわなあ。

いや、「長生きしたかったら、きちんと備えをしなさい」って。

小林　そうですね。

麻生太郎守護霊　一人で生きてもいいけども、若いころから、きちんと、老後の資金を貯《た》めるなり、マンションを買っとくなりすべきだし、君らが言っているとおり、宗教なんかそのためにあると思うんだよ。

だから、ＮＨＫが、最近さあ、「サイレント・プア」とか言って、深田恭子《ふかだきょうこ》が主演で、社協《しゃきょう》（社会福祉協議会）かなんか知らんけども、役所にくっついた組織にいて、一人で孤立《こりつ》している老人を助けるために、もう丁寧《ていねい》に何度も何度も行って、訪《たず》ねたりゴミを片付けたり、一生懸命《いっしょうけんめい》、宗教みたいな、いろいろな活動をやっとるみたいなことをやってた。まあ、ありがたい、大事な仕事だとは思うけども、あれは宗教的活動だよな？　はっきり言やあな。

だから、老人はねえ、きちんと宗教のなかに入って、相互《そうご》の互助《ごじょ》組織か、勉強会とかで連絡をきちっと取って、お互《たが》いに〝野垂れ死に〟してないかどうかをチェックしてくれるように、やっぱり、そういう組織に加わればいいわけよ。

もう、定期的に月刊誌を持ってきてくれたら、生きてるかどうかぐらい分かるわなあ。

6　麻生太郎氏の「宗教観」に迫《せま》る

「宗教法人課税」は公明党への「カード」

加藤　少し防衛予算のお話に戻《もど》ってしまうのですけれども……。

麻生太郎守護霊　ああ、そうかそうか。

加藤　「現在の日本を取り巻く国際情勢を考えるかぎり、やはり、増額は絶対に必要だ」というご見解をお伺《うかが》いしまして……。

麻生太郎守護霊　そりゃそうでしょう。

加藤　ただ、財源については、現時点で見るかぎり、やはり限りはありますので、「では、どうしていくか」という話になるのですけれども……。

麻生太郎守護霊　どこかから、やっぱり持ってこなきゃいけないわなあ、そらあ。

加藤　では、やはり、「福祉《ふくし》への斬《き》り込《こ》み」あたりを第一にお考えなのですか。

麻生太郎守護霊　ほかのところを放っといてさあ、増税だけ国民にかけるって、そりゃあないでしょう？　幾《いく》ら何でも。そらあ、無理だと思う。

だから、宗教法人の持ってる財産を、全部、巻き上げるって、それがいいとは、わしは思えないよ。

まあ、ただ、このカードは、いちおうは一枚残しとかなきゃいかんけどねえ。創《そう》価学会《がっかい》、公明党を揺《ゆ》さぶらなくてはいかんので、君らには迷惑《めいわく》がかかるかもしらんけども、やつらが連立しているわりに、「集団的自衛権」、そして「憲法改正」に、ごねてごねてするからさあ。宗教法人課税のほうのカードを、やっぱり、ちょっと持ってなきゃいけないもんでね。

君らには迷惑がかかるかもしらんけども、それを揺さぶるのが、あそこは、いちばん堪《こた》えるからさあ。

小林　まあ、本になったときには、ここには、私は、「(笑)」というように、おそらく入る箇所《かしょ》にはなるかと思うのですけれども。

麻生太郎守護霊　ああ、いやあねえ、ほかのとこには申し訳ないと思ってるよ。だって、どこだって採算きついしさあ。さらに、もう「法事は要《い》らない」とか、「戒《かい》名《みょう》は要らない」とかさ、今も、宗教学者もどきの人間が、そういうことまで言ってるから、あれは、もうお寺も潰《つぶ》れるよ、もうすぐな。あんなことを言ってたらね。戒名と法事で儲《もう》けてるんだからさあ。あれがなくなったら、もう、お寺は潰れてしまうよなあ。

小林　ええ。まあ、そういう感じなのですね。

クリスチャンとして「勤勉の精神が大切」と主張

九鬼　先生の宗教観についても、少しお伺いできたらと思うのですけれども……。

麻生太郎守護霊　ああ、そうか。まあ、いちおうクリスチャンっていうことになってんだけどさあ、信じてくれる人がほとんどいねえんだよ。

九鬼　今、イエス様のお話が少し出ましたけれども、どういう感じで信仰《しんこう》を持たれたのですか。

麻生太郎守護霊　俺《おれ》がクリスチャンなんて、思ってねえ人がほとんどだよなあ。だから、「百人でも千人でも死んだって、何とも思ってない」と思ってる人、「人を食《く》って生きてる」と思ってる人が、ほとんどだからさあ。

経営的な判断を言うと、すごいきついからさ。人に対してきつく聞こえるからね。要するに、ブラック企業《きぎょう》の社長みたいに見えるんだよね、言い方がな。だから、クリスチャンに見えないんだよな。「『ブラック社長がクリスチャン』っていうことは、ねえだろう?」っていう言い方になるんだけど、いやあ、神様は信じてるよ。宗教は大事だよ。宗教心は大事だよ。

だけど、神様は、怠《なま》け者を増殖《ぞうしょく》させることを喜んでるとは思わないよ。やっぱり、「勤勉に働け」と言っているわけでね。「週のうち六日は働いて、一日は休んでもええ」という。だから、神様の考えは、だいたい、六対一ぐらいなんだからさ。

休んでいいのは「一」。働けは「六」。神様は、やっぱり、「働け」のほうがパーセンテージは多いわけよ。

まあ、それ、何分の一あるんか知らんけど、とにかく、「八割ぐらいは働け」と言ってるんじゃないの？　「七、八割は働かんとあかん」と言っているんじゃないの？

九鬼　はい。もう、すごく、私どもも同感でございます。「経営成功学部」というと、やはり、「宗教的な感覚とは違《ちが》うのではないか」というご批判も頂いたりして、そのへんを非常に皮相《ひそう》的に考えておられる方がいるのですが……。

麻生太郎守護霊　それが、宗教への「勘違《かんちが》い」だよね。

九鬼　勘違いですね。

麻生太郎守護霊　だから、イエスの言葉を、まあ、ちょっと、昔のやつを金科玉条《きんかぎょくじょう》にして、サボりの言い訳に使おうとしているクリスチャンもいるけど、やっぱり、近代以降のプロテスタントっていうのは、勤勉の精神が産業革命と一体化して発展してきた流れだからねえ。

「神の繁栄《はんえい》を地上に降ろす」っていうのが、プロテスタントのほうの考えなんだろうしね。

九鬼　はい。

麻生太郎守護霊　だから、怠け者が中心の、ラテン系のカトリックのほうは、やや財務危機、財政危機の国が増えてきているわねえ。これは、やっぱりいかんです。

小林　まあ、学者ごとに、ちょっと専門性が狭《せま》くて、そのへんが横断的に見えなくなっている感じかと思うんですけれども。

7　幸福の科学の言動に「賛同」する麻生氏守護霊

「ＮＨＫ会長への応援《おうえん》はすごかった」

小林　先ほどチラッと「ＮＨＫ」という言葉が出たんですが、一連の幸福の科学なり幸福実現党なりの発信しているなかで、ＮＨＫとか朝日新聞とか、そういったあたりに対してもあるんですが。

麻生太郎守護霊　いや、頑張《がんば》ったよ。君らの業績は大きいよ。下村《しもむら》君は十分に分かってないよ。君らが安倍《あべ》政権っていうか、自民党政権を守った功績はかなりあると思うよ。われらの言論戦はそれほど強くないのでね。君らがわれわれの代わりにやってる。

君らのＮＨＫの会長人事の応援《おうえん》なんか、すごいよね。みんなが〝いじめてる〟ときに、堂々と応援に入るから。「あんな、ガマガエルみたいな顔したおっさん、誰《だれ》が好《す》くか」って、みんな思うわなあ（会場笑）。それを、「面白《おもしろ》いじゃないか。この人は、なかなか面白い。本音で面白い」って言ってくれる。あれでクビにならずに済んだよねえ（『ＮＨＫ新会長・籾井勝人守護霊本音トーク・スペシャル』〔幸福の科学出版刊〕参照）。

小林　「特定秘密保護法」なんかも、少し似たような感じはあったかと思うのですけれども。

麻生太郎守護霊　そうだなあ。なんか知らんけど、みんな感情的に、とにかく「怖《こわ》い、怖い」と言ってる。

要するに、マスコミは、基本的にスパイしてるからさ。マスコミの人がいたら、ごめんね。基本的にスパイで飯《めし》を食ってるからさ。スパイ防止法っていったら、「俺《おれ》らを全部、取り締《し》まる法律だろう」と基本的に思うからさぁ。

でも、今は国家間でのスパイ活動って、企業《きぎょう》も含《ふく》めて、すごくあるからね。とにかく、中国のハッキングとかもすごいし、アメリカでもやられているぐらいですから、日本なんか、もう〝やられ放題《ほうだい》〟だと思いますよ。ほとんどノープロテクトだと思いますね。政府関係まで情報を抜《ぬ》かれまくってるんで、やっぱり、スパイ防止の対応をしないと危ないっていうのはあります。

これは、戦闘行為《せんとうこうい》としての戦争が起きるより以前の問題として、情報操作に入られるところがあるんでね。これは、やっぱり警戒《けいかい》しなきゃいけないとこだね。

下村《しもむら》文科大臣の「経営感覚」は疑問

小林　そういう意味で、内閣の大臣というのは、全体に対して連帯して責任を負います。それは、内閣の大臣だったら、例えば、文科大臣等もそうだというのが本来の趣旨《しゅし》であるかと思うので、下村《しもむら》大臣には内閣全体への貢献《こうけん》について、もう少しご理解いただいたほうがよいかと思いますけれども。

麻生太郎守護霊　まあ、学習塾《じゅく》経営だけじゃ、認識がちょっと無理なんじゃないかな。俺ぐらい、企業経営までやっとれば、もうちょっと分かるけど。

小林　ええ。全体も見える感じがあるかと思います。

麻生太郎守護霊　学習塾の経営ぐらいでは、ちょっと無理があるんじゃないかなあ。分からないところがあるんじゃないか。

あと、NHKの会長のところも、君らは面白い〝逆ギレ行動〟だったけど。「会長の賛成ビラ」を配るとか、いつも面白いことをやるよなあ（笑）。「オスプレイ賛成デモ」とか、聞いたことがないようなことをする（会場笑）。まあ、奇想天外《きそうてんがい》だよな。

「オスプレイ賛成デモ」では、「一機墜《お》ちたから、けしからん」とか言ってるのを「バカバカしい。別にパイロットは死にたいわけじゃないんだ」って言ってね。いいところがあるから、それを採用しているわけだ。航続距離《きょり》とか垂直に上がれるところとか、いろいろ、いいところがあるから採用してるんでね。別にアメリカ人だって死にたくはないよね。

「朝日の前主筆の〝クビを切った〟のも、君らの功績」

加藤　そういった意味では、「特定秘密保護法」の話もございましたが、今は国会や与党《よとう》内でも「集団的自衛権」が非常に大きな議論になっています。私たち幸福実現党は、この点に関しても党利党略抜きで、「必要なものは必要」と訴える立場を取っています。

麻生太郎守護霊　敵の牙城《がじょう》は、朝日なんかがそうなんでしょうけど、朝日の主筆のクビを切ったのは、やっぱりこれも功績だよなあ（『朝日新聞はまだ反日か』〔幸福の科学出版刊〕参照）。君らが〝一発〟撃《う》ち込《こ》んだら、定年と称《しょう》してすぐに逃《に》げて、事実上、韓国《かんこく》に〝亡命《ぼうめい》〟しよったわなあ。あれは大きいよなあ。

「日本では総理大臣は九十六代続いたが、朝日の主筆は六人しかいないんだ」とか言って、韓国ではそれを大々的に取り上げて偉《えら》そうに言ってる。「朝日のトップを持ってきた」と宣伝してるようだけど、ここに〝弾《たま》を撃ち込んで、降《お》ろした〟っていうのは、すごいことだと思いますよ。

言論戦で勝てるっていうの？　「マスコミと戦って、撃ち込んで勝てる」っていうのはすごいことですよ。

これは、自民党ができないでいることだから。安倍さんだって〝朝日攻撃《こうげき》〟をしたくても、口では向こうの数が多いし、いろいろ書いてくるからたまんないんでね。

「小保方潰《おぼかたつぶ》し」と幸福の科学大学の学長を認めないのは「同根《どうこん》」

九鬼　あともう一つ、「STAP細胞《スタップさいぼう》」についても、私どもは世間《せけん》と違《ちが》う動きをしたと思うのです（『小保方晴子《はるこ》さん守護霊インタビュー　それでも「STAP細胞」は存在する』〔幸福の科学出版刊〕参照）。

麻生太郎守護霊　そうだ。これも、NHKの会長とオスプレイを応援したのと同じ方向だよなあ。

九鬼　やはり、科学技術の発展は、成長戦略にとって非常に大きな力になると思います。

麻生太郎守護霊　うーん、そう、そう、そう。

九鬼　こちらについて、大臣のご見解を頂ければと思います。

麻生太郎守護霊　いや、わしも「成長戦略」については非常に重要だと思ってるから。

ＳＴＡＰ細胞では、手続き上のミスがあるだとか、論文に不備があるだとか、いろいろ言ってるけど、基本的には、それが存在するのかどうかの問題でしょう？

だから、まあ、それだけだったら、ちょっと分からない面もあるけど、ハーバード大学のバカンティ教授だかなんだか、一緒《いっしょ》に共同でやった先生が「ある」って言ってて応援してるのを見たら、あるんじゃないの？　やっぱり、基本的に。

あるけど、理研《りけん》のほうが何かやっぱり、自分らのプライドを傷つける、ただの利害関係で困ることが他にあるんで、邪魔《じゃま》してるように見えるわなあ。

だから、いや、論文の不備なんかどうでもいいのよ。もし、それがつくれるんだったら、それは、「国家戦略」として重要なことで、医療《いりょう》に新しい道を開くことになる。

九鬼　そうですね。STAP細胞をつくることに力を注ぐべきで、論文等の作法について、あまり細かく言うのは、どうかと思います。

麻生太郎守護霊　多くの人を救えるようになるんだろう？　それは大事なことですよ。一パーセントでも可能性があるなら、やっぱり、「これは研究する価値がある」と見るべきで。日本発の技術ができるということは、これ、すごいことですよ。

九鬼　はい。

麻生太郎守護霊　だから、アメリカの後追いばっかりでやってるっていうの？「アメリカに行って研究したら、できる」というばっかりでなくて、日本でつくれるっていうのは、これ、すごいことなんで。この批判を恐《おそ》れて、とにかく隠蔽《いんぺい》に入るっていう、この悪い日本体質、やっぱりよくないねえ。

九鬼　そうですね。あれだけの人がかかわって、やろうとしたわけですから。

麻生太郎守護霊　おかしいよ。専門家がそうとうかかわってて、「これはあるんじゃないか」と思って、みんなで推《お》してたやつを潰《つぶ》しに入ったのは。

それは、どっかの、理化学研究所という意味でなくての「利権」が何か絡《から》んでるか、プライドや何か、そういう年功序列や名誉心《めいよしん》や、君らがいう嫉妬《しっと》や、ノーベル賞やいろんなものが絡んでの、学者のなかでの秩序《ちつじょ》とか、何かそんなもんじゃないの？（『「嫉妬・老害・ノーベル賞の三角関数」守護霊を認めない理研・野依良治《のよりりょうじ》理事長の守護霊による、ＳＴＡＰ細胞潰し霊言《れいげん》』〔幸福の科学出版刊〕参照）

その君らの、「大学の学長を認めない」と言ってるっていうのと、まったくおんなじなんじゃないの？　これ。

九鬼　ええ、同じような感じを受けております。

麻生太郎守護霊　「大学教授を十年以上やって、学部長や学長の経験がある者でなければ、それは認められない」って言ってるのとおんなじで。「教授レベルにならなきゃノーベル賞級の発明をしちゃならん」って言ってるようなのと、もう一緒なんじゃない？

九鬼　同じような印象を受けております。

麻生太郎守護霊　そうだろう？　だから、「経歴不足」だって言ってるんだろう？
うーん。まあ、よう言うよなあ。まあ、関係ないよ、そんなものねえ。結果を出せたら、年なんか関係ないよ。

柔道《じゅうどう》やサッカーや野球だったら、年齢《ねんれい》に関係なく、打率とかさあ、剛速球《ごうそっきゅう》を投げれるだけで評価されるのに、どうして、そういう研究分野では、若い人が成果を挙《あ》げちゃいけないんだよ。やっぱりおかしいじゃないですか。

九鬼　やはり同じようなかたちで、固まった考え方が成長を阻害《そがい》しているように思います。

麻生太郎守護霊　まあ、「研究所も、固まった大きな組織になると役所化してくる」っていうことなんじゃないかと思うんだよな。やっぱり、個人でやるのと違ってな。だから、〝エジソン〟は出ないわね。

九鬼　はい。

「君らのヘソ曲がりには感動している」

麻生太郎守護霊　これ、破らないかぎり、〝日本のエジソン〟は出てこないと思うなあ。だから、君らのヘソ曲がりには、わしは、何か、すごく感動してんやあ。

九鬼　（笑）（会場笑）

麻生太郎守護霊　わしは口が曲がってるけど、君らはヘソが曲がってるよなあ。曲がっとるもん同士なあ、これは、ある意味で交《まじ》わるものがあるよ。

九鬼　ありがとうございます（笑）（会場笑）。

大川隆法総裁の『創造の法』（幸福の科学出版刊）という経典《きょうてん》でも、やはり、少々変わっていないと、新しいものを創造して、時代をつくっていくことはできないと、私どもは教えを頂いていますので、このへんは実現していきたいと思っています。

麻生太郎守護霊　いや、いや、大川隆法っていう人は面白いと思うなあ。NHKでも朝日でも〝ぶった斬《ぎ》る〟しさあ。東大でも批判するしさあ。自民党だって、「間違ってる」と思ったら批判してくるでしょう?

堂々としたもんで、アメリカのことだって、応援してるかと思ってても、「間違ってる」と思ったら、ちゃんと批判するでしょう? ロシアは敵かと思ったら、応援するときにはロシアも応援するでしょう? だからまあ、うーん、「正しいかどうか」で、全部、見て言ってるんだろうと思うんでね。

「その人が」とか「その国が」とか「その組織が」とかいうことでは見ていないというのは、もう明らかだよなあ。その偏屈《へんくつ》ぶりというか、意地の通し方っていうか、それはそれなりに筋《すじ》が通ってて、もう、わしは、〝天然《てんねん》記念物〟として、どっかに飾《かざ》りたいぐらいの……（会場笑）。

九鬼　（笑）いやいや。

麻生太郎守護霊　ええ？　君らの、何か〝記念館〟つくってやりたいぐらいの。アニメ記念館の代わりに、何かつくってやりたいぐらいだよ。

九鬼　ああ、ありがとうございます（笑）。

麻生太郎守護霊　〝幸福の科学記念館〟を。秋葉原《あきはばら》辺りに。

九鬼　秋葉原？（笑）（会場笑）ありがとうございます。

8 「幸福の科学大学」を応援《おうえん》する麻生氏守護霊

幸福の科学大学の学長は「普通《ふつう》の大学教授では無理」

九鬼　京都精華《せいか》大学でも、マンガ学部の教授で漫画《まんが》家の竹宮惠子《たけみやけいこ》さんが学長になられましたが、「そういったユニークな大学というものも必要だ」ということで、麻生先生の後押《あとお》しなり、お考えなりがございましたでしょうか。

麻生太郎守護霊　うーん。特別にしたわけじゃないとも思うんだけどねえ。まあ、自分たちの学内自治で、それは決めたんじゃないかと思うけどな。

もちろん、基本的に文科省の承認は取ってるだろうけども、学内自治でやってるんで。マンガ学部なんか認めること自体が、なかなか珍《めずら》しいことではありますけどねえ。ただ、それで、学識経験とアドミニストレーション、そういう学内行政、経営等の経験があるかといえば、それはちょっと足りないでしょうねえ。漫画家なんか、それは、いちばんないでしょう。

九鬼　はい。

麻生太郎守護霊　だから、実際上は、借金体質になるでしょ？

九鬼　はい。

麻生太郎守護霊　基本的に、漫画家とか小説家とかは〝パトロン〟がついてないと、そういうのは向いてないでしょ？

九鬼　はい。

麻生太郎守護霊　学長みたいなの、できるような人がいないわねえ。

九鬼　そういう感じではないはずですね。専門家でございますので。

麻生太郎守護霊　うん、やっぱりパトロンが出てなきゃ。そういうのを描《か》くだけの〝技術者〟ですからね。

だから、そういう意味では、まあ、「タレント（才能）」を要求するもんだっていうことは、そのとおりだと思うし、宗教だって、才能が要《い》るっていう意味では、おっしゃるとおりだと思うんだよ。

九鬼　はい。ありがとうございます。非常にお力を得た感じがいたします。

麻生太郎守護霊　まあ、そらそうでしょ。だって、普通《ふつう》の大学で教授やったからって、宗教家になれないでしょ？　そんなん。

九鬼　なれないですね。

麻生太郎守護霊　これは無理ですよ。修行《しゅぎょう》しなければ無理ですから。宗教家の卵になるような人がいっぱい来る大学だったら、そらあ教えられないでしょうよ。

まあ、教えることはできるかも知らんけども、トータルでの大学の理念みたいなのを発信するのは無理なんじゃないですか。

九鬼　はい。

麻生太郎守護霊　やっぱり、総裁の薫陶《くんとう》を受けた人でないと、そらあ駄目《だめ》なんじゃないの？　うーん。

九鬼　本当に、文科省の方々がおっしゃることとは、まったく「逆」の話ですね。

麻生太郎守護霊　いや、彼らは、頭が狂《くる》っとると違《ちが》うか。頭がいかれてるというか、わし、口が悪うていかんけど（会場笑）、頭……、頭……、なんて言ったらいいんだ？　平凡化《へいぼんか》してるんだなあ。陳腐化《ちんぷか》してるっていうかなあ。まあ、そういうことやからさあ。

小林　要するに、「経営者の視点で見ていない」ということですね。

麻生太郎守護霊　そう。全然見てない。だから、予算をもらったら、あと、それを割り振《ふ》るだけのことで権力が発生して、喜んでるだけだからな。

「財務省は、幸福の科学の言い分も分かっている」

麻生太郎守護霊　やっぱり、君らが財務省と喧嘩《けんか》したから、「睨《にら》まれる」と、だいぶ怯《おび》えてる人もいるんだろうとは思うけども、どっこい、財務省はなあ、ちょっと違う目で見ておって、君らをマイナスだけで見てるわけでもない。

それは、わしだけでなくてな、下の関連も、全部マイナスで見てるわけでもなくて、君らの言い分もある程度分かってはいるところもある。理論としてはあるので、分かってるところは分かってるので。

確かに、「危険度はかなりある」っていうことは分かってるので、日銀と（財務省で）整合性が取れてないところ、日銀がやろうとしてることと財務省がやろうとしてることが違うこと、理論的に統一してないところについて、「アベノミクス戦略として、これはちょっと不適合を起こすんじゃないか」と見てる人は、財務省のなかにもいるんだよ。

ちゃんといるけど、でも、まあ、伝統的な価値観として、「税率を上げれば勝ち、下げたら負け」っていうのは、かなり残ってるからさあ。うーん、まあ、そういう、〝古い遺伝子〟の一つだよな。

だから、勝《かつ》（栄二郎《えいじろう》）君はね、〝桜田門外《さくらだもんがい》の変《へん》〟で斬《き》られたかもしらんけどさあ、（『財務省のスピリチュアル診断《しんだん》』〔幸福実現党刊〕参照）。宗教にやられるっていうのは、まあ、無念ではあったかもしらんけれども、君らは、宗教だけでなくて、〝維新《いしん》の志士〟でもあるからして、そら、〝討《う》ち入り〟ぐらいはするわねえ。

九鬼　（笑）

麻生太郎守護霊　そら当然、雪の日に狙《ねら》って、討ち入りぐらいするねえ。だから、全然分かってないわけじゃないから。分かってる人もいるから。

幸福の科学は「国防のための増税」には反対していない

小林　その意味では、ちょうどいい機会なので、一つのメッセージとして、大川隆法総裁の直近《ちょっきん》の経典《きょうてん》でも、「世の中の人が誤解しているといけないから、一言《ひとこと》コメントしておくけれども」ということで、何でもかんでも増税に反対しているわけではなく、その目的合理性から見て必要だから、当然、しっかりリストラした上での話ではあるけれども、例えば、「国防のための税といったところまで、別に反対しているわけではないんだ」というスタンスを、実は、幸福の科学や幸福実現党は持っていると……。

麻生太郎守護霊　そら、そうでしょう。だから、実際、今、アジアであんなに危機でしょ？

小林　ええ。

麻生太郎守護霊　もうフィリピンに巡視船《じゅんしせん》を回して、それから、ベトナムにも回すって言っているような時期で、日本自身だって、巡視船のみならず、新しい装備を持った何か、航空機や潜水艦《せんすいかん》、自衛艦《じえいかん》等をつくらなきゃいけない時期ですよね。

小林　ええ。そうですね。

麻生太郎守護霊　今、防衛上、やらないかん時期ですから、こちらこそ、一兆円でも予算を余分につけてやらなきゃいけない時期ですねえ。だから、それを、やっぱり絞《しぼ》り出してこなきゃいけない。

経営的には、そういうふうに考えなきゃいけない時期で、国家なくして国家経営も国民も存在しないんで。まあ、法律論ばっかりやってるけどね、やっぱり、それは間違ってる。

こちらのほうは、予算行為《こうい》でできることであるので、国民はそら詳《くわ》しいことは分からなくてもいいけども、いざというときには「自分たちの生命・財産・安全、領土・領空」を守ってくれる、国が守ってくれるもんだと信じてるからね。まあ、昔のユダヤ人みたいに、あっという間に国を追われてしまって、「みんな、どこかに逃《に》げなきゃいけない」っていうんじゃ、全然、準備できてないよ。日本語で生活できるので、もう安心し切ってるから。

もしかしたら、文科省で英語を強化しようとしてるのは、亡命《ぼうめい》できるように訓練をしようとしてるのかもしらんけどね。「英語圏《けん》に逃げてください」っていうことで、やってるのかもしらんけども。

やっぱり、そらあ、やるべきだと思うよ。

だけど、今、安倍《あべ》さんにしても、防衛費の増額を言えるようなあれじゃないでしょう。マスコミの集中砲火《ほうか》を受けるのは分かってるから、怖《こわ》くて怖くてしょうがないし、公明党が、絶対足引っ張るのは分かってるから。「福祉《ふくし》」を言っとけば、票を取れるからね。だから、分かってはいる。

やっぱり、福祉は八兆円くらいあるんじゃないかと思うけど、北欧《ほくおう》型にしようとしてるから、これは幾《いく》らでも、どんどん増えていくよなあ。税率は七十パーセントぐらいまで、総合して上がっていくように、きっとなるんだから、これはもたないよ。

こんな国では絶対、もたないんで、君らの言う「自助論《じじょろん》型」の国に変えなければ、やっぱり駄目ですね。

だから、教育においても、そういうふうに変えなければいけないし、これは頑張《がんば》りどころだと思うんで、わしは、それについても意見が一致《いっち》してるんだよ。

あとは、「新しいこと」「目新《めあたら》しいこと」に挑戦《ちょうせん》していくチャレンジングなところも、非常に大事なところだと思うんだよなあ。

九鬼　ええ。

「信仰《しんこう》と経営の両立では、同じ考え方だ」と強調

麻生太郎守護霊　いやあ、もっともっと大きくなってほしいなあ。だから、宗教としても、まあ、政党としては、ちょっと、うちと利害はあるけども、政党の活動としても、あるいは、教育面での活動としても、もっともっといい情報発信をして、世の中を変えていく勢力になってくれれば、ありがたいとは思ってるよ。

九鬼　そうですか。ありがとうございます。

麻生太郎守護霊　いや、顔が悪いからさあ。きっと勘違《かんちが》いというか、誤解されてるとは思うけどさあ。

加藤　今日、お話を伺《うかが》っていますと、お考えが、私たち幸福実現党と相通《あいつう》ずると申

しますか、非常に近いものがあり、今、麻生大臣のような方が閣内にいてくださって、とてもありがたく思います。

麻生太郎守護霊　君らと一緒《いっしょ》で、「信仰《しんこう》と経営」を両立させようとしているわけで、そういう意味では一緒だろ？　遺伝子というか、ベクトルとして、信仰と経営の両方を持ってるんでしょ？　これ一緒なんだよ。信仰と経営なんだよ。両方、持ってるんで。

9 「大川さんにこの国のあり方を導いてほしい」

「国民はマスコミから正確な情報を得ないから、分からない」

加藤　先ほど、人生観というか、信仰観《しんこうかん》ということで、「勤勉に働く」とか「神の繁栄《はんえい》を地上に実現していく」ということをおっしゃっていました。

大臣は、やはり、そのあたりを政治的な信条として、これまでも政治家として頑張《がんば》ってこられたし、これからも政治に取り組んでいくおつもりなんでしょうか。

麻生太郎守護霊　まあ、わしもちょっと頭が足りんからさあ、これ以上は智慧《ちえ》が出ないんで。

君らの大学で研究してもいいし、大川さんが政党のほうを通じて活動を活発化してくれてもいいと思うけども、とにかく、「この国のあり方」を導いてくれよ。どちらの方向に導いていったら、この国が繁栄するのか、教えてほしいんだよ。われらも智慧が尽《つ》きているので。

安倍《あべ》さんも、今、一生懸命《いっしょうけんめい》やってると思うよ。あの「トランジスタラジオのセールスマン」（池田勇人《いけだはやと》元首相）以来、「プラントのセールスマン」となって、一生懸命にいろんなところへ売り込《こ》んで歩いてる。あれほど海外出張の多い首相も珍《めずら》しいけど、ほんと体が心配だよね。若いから、なんとかもつかとは思うんだけど、ちょっと心配はしてるんで。もうちょっと助けてやらないといかんと思う。

まあ、君らの言論の応援《おうえん》がなかったら、もうとっくに、もたなくなってるとは思うんで、なんとか助けてやってくれるとありがたいな。

君らの政党が成功しないかもしれないから、それについては申し訳ないとは思うけど。うーん、利害だけでやるとこでもないからなあ。結果、成功して、国民が救われるんだったら、君らは、「以《もっ》て瞑《めい》すべし」っていうような志士たちなんだろうからね。
俺《おれ》らみたいな〝脳足りん〟が偉《えら》くなって、面白《おもしろ》くねえだろうとは思うけど、国民は、マスコミから正確な情報をもらってないから分からないんだと思うんだよ。もちろん、俺たちには、ある程度分かっているけどね。
いやあ、すごく先見性はあると思うよ。

「下村《しもむら》さんは、大川先生の経営学について知らない」

加藤　内閣総理大臣までなられた方が再び入閣するというのは、前例がないわけではありませんが、かなり、珍しいケースだと思います。

麻生太郎守護霊　宮澤《みやざわ》（喜一）さん以来かなあ。

加藤　ええ。麻生さんとしても、ここは、「安倍さんを支える」というお気持ちでの入閣なのでしょうか……。

麻生太郎守護霊　まあ、もちろん経営的な面では、安倍さんも企業《きぎょう》に勤めた経験はあるんだけど、やっぱり、〝ヒラ〟に近いあたりのレベルだと思うし、実際上の会社経営は、やってないからね。大きな会社に、ちょっと勤めたというサラリーマン経験だけだから、やっぱり十分じゃない面はおありになるんじゃないかなと思うんだよね。

下村《しもむら》さんは、大川先生が経営学についても、見解というか、精通しておられるのを知らなかったようなところがあるようなので、「宗教には、そんなものは分からない」と思ってたようなところがあるけど、松下幸之助《まつしたこうのすけ》さんだって、天理教《てんりきょう》に学んだぐらいだからね、経営学をねえ。だから、経営学はあるわけなんでねえ。

私は、そういう意味では、大事な人やと思うとるし、国にとっては必要だと。

わしなんか、もうあとが短いから、そんなに言うことはないけども、「この国をどうしたらいいのか」を、やっぱり教えてほしいですなあ。もうちょっとねえ、みんなを引っ張ってほしい。

まあ、ちょっと、わしとの相性《あいしょう》が悪《わる》うて、なんか〝保守分裂《ぶんれつ》〟みたいになって、なんか揶揄《やゆ》されて、君たちも苦汁《くじゅう》をなめてるし。まあ、自民党も苦汁をなめたりしてはおるけども、基本的に目指すところは、そんなに変わらないんじゃないかとは思うんだけどねえ。

小林　ありがとうございます。

下村《しもむら》文科大臣への「アドバイス」

小林　今日の霊言《れいげん》の一つの〝引き金〟にもなりました下村《しもむら》大臣に対して、総括《そうかつ》的な一言《ひとこと》を頂けますと、たいへんありがたいと思います。

麻生太郎守護霊　まあ、宗教全般《ぜんぱん》についてアンチなわけではないから、その意味では、「まだいい」と思わなきゃいかんとは思うよ。もし、無神論・唯物論《ゆいぶつろん》系の文科大臣だったら、きついと思うよ。まあ、それよりはいいと思うけど。

ただ、「認識のレベルがそんなにない」っていうかなあ、そういうところはあるような気がするわなあ。

まあ、安倍さんとかは、もうちょっと宗教心があると思うし、高いと思うので。

彼（下村大臣）は、宗教というよりは、「超能力《ちょうのうりょく》」のほうに関心があるんじゃないかなあ。なんかそんな……。まあ、幸福の科学にも、そういうところはあるので、多少関心があることはあるし、「全部、アンチ」っていうわけじゃないとは思う。ちょっとは信じてるし、「協力を得たい」と思うてる面もあるとは思うけど、まあ、「弱い」っていうところかな。やっぱり、君らが批判しているとおり、「票と金」を思ってるところはあるので。

そういう意味では、君らは、あんまり、そういうかたちの従来《じゅうらい》の宗教がやってきていたような政治運動、政治家を当選させるための運動みたいなのを熱心にやらないし、「自分の党をつくったから、もう自分らのところしかもうやらないだろう」と思ってるからねえ。あるいは「ライバルを立ててきて、落とそうとするだろう」と思ったりするから、そのへんの本能的な恐怖《きょうふ》もあるんだろうとは思うけどね。

まあ、財務省については、彼らからすれば、「とにかくマイナス材料を見せたら、攻撃《こうげき》してくる」と見ているんだろうとは思うけど。

いやあ、どっこい、財務省だって、そんなバカばっかりでもないし、大川隆法さんのシンパも財務省のなかにはかなりいるんで。彼を知っている人たちも、けっこう重要なポストに就《つ》いてることもあるし、後輩《こうはい》たちで尊敬している人もかなりいることはいるので。

何て言うかね、今の話でもあるけども、この〝没落《ぼつらく》〟した東大の立て直しもやってるような感じにも見えているのでね。「東大から創造的な人間が出ない」っていうことが悔《く》やまれる事態なので。まあ、そこを出そうとしているようにも見えるので。

そういう意味では、幸福の科学大学だけでなくて、東大も創造性のある人間を輩出するための、何て言うか、一つの手本っていうか、モデルみたいになってるようには思うんだよなあ。

生産性がすごいからね。知的生産性っていうのがすごいから。そうでなきゃいけないわな。やっぱりね。

九鬼　はい。そうだと思います。

麻生太郎守護霊　だから、東大の先生方も威張るだけでなくて、やっぱり貢献《こうけん》しなきゃいけない、世の中にね。発展のためにね。それをしてないよね？　自分の研究に閉じこもって、地位を守るのに汲々《きゅうきゅう》として、予算を確保してはいるけどね。やっぱり、貢献度があるかどうかが問われるわねえ。

麻生太郎氏の「過去世《かこぜ》」とは？

九鬼　ありがとうございます。

麻生大臣はクリスチャンでいらっしゃいますが、靖国《やすくに》神社に参拝《さんぱい》するなど、小さな宗教の枠《わく》を超《こ》えて、非常に信仰を大切にされていると思っています。

そこで、お訊《き》きしたいのですが、幸福の科学において、過去世《かこぜ》をいろいろと調べさせていただいたら、●真田昌幸《さなだまさゆき》さんということです。

麻生太郎守護霊　うーん、うーん、そうか。

九鬼　はい。これについてのご記憶《きおく》はございますでしょうか。

麻生太郎守護霊　まあ、クリスチャンということであれば、そういうのにはあんま

●**真田昌幸**（1547 ～ 1611）戦国時代から江戸時代前期にかけての武将・大名で、真田幸村の父。後世に、戦国時代きっての知将・謀将としても知られている。

りかかわらないことになっとるんだろうとは思うけども。なんだか、もうちょっと、ほかにもいっぱいあるような気はするけどね。

九鬼　やはり戦国武将などでございますか？

麻生太郎守護霊　ああ……。まあ……。うーん、いや、もうほとんど〝終わった人〟だから、九十五パーセント以上は終わってるので、そんなに調べても、あんまり意味ないんじゃない？

もうちょっと、大隈重信《おおくましげのぶ》さんだとか、安倍晴明《あべのせいめい》さんだとか、そういう偉い人のあれを調べたほうが……。

加藤　いえいえ、お話を伺《うかが》うかぎり、まだまだ終わってはおりませんので……。

麻生太郎守護霊　いや、もう、終わりかかったよ、もう……。

加藤　ぜひ、そのご見識でもう一仕事も二仕事もしていただきたいと思います。

麻生太郎守護霊　次の十パーセント消費税をやったら、もうクビじゃねえか？

加藤　またお伺いするのですが、やはり十パーセントに上げる肚《はら》でいらっしゃるんですか。

麻生太郎守護霊　いやあ、そらあ、財務大臣を辞《や》めないかぎり、今の流れでは、その方向でやらされるだろうけど。ただ、経済指標がどうであるかにもよるけども、まあ、それも一生懸命つくるに決まってるから、夏までの経済指標をいいようにつくるのは見えてるから。冬になってから、「実は悪かった」みたいなのが出てくるかもしれないけどね。まあ……。

「私はもう、安倍《あべ》さんをサポートするだけ」

加藤　消費税の話はここまでにしまして、また転生輪廻《てんしょうりんね》の話に戻《もど》りますけれども、せっかくですので、過去世を……。

麻生太郎守護霊　まあ、それは、君、君たちの十八番《おはこ》だから、わしは、あんまり乗る気はないんだけど、必ずしもキリスト教徒ばっかりでもないし、武将だけかと言われたら、ちょっとそうではないところもあるかもしらんなあ。

加藤　日本でなければ、外国ではどの辺りにご縁《えん》があった気がしますか。

麻生太郎守護霊　うーん。まあ、〝終わった人〟だから、そんな、もう……。

加藤　いや、まだ終わってはいらっしゃらないんで（笑）。

麻生太郎守護霊　いや、「元総理」なんだよ。だから、もう終わった人なんで。昔、●村山《むらやま》さんが首相になったときに、君ら、あれは、どっかの島の漁師の網元《あみもと》だったみたいなことを言ってた。で、さすがに、「総理大臣でそこまで落とされたら、かわいそうでないか」っていう意見が出ておったけど、結果を見りゃあ、まあ、それに近かったわな。その程度の人を担《かつ》ぎ上げたっていうか、節操《せっそう》も何もなかったよなあ。ぜーんぶ引っ繰《く》り返して、社会党が潰《つぶ》れちゃったんだから。まあ、あんなことがあるくらいで、君ら、ほんと〝怖い人たち〟だからさあ。あんまり、そういう素性《すじょう》を明かされると、ろくなことがないので。

九鬼　いえ、必ずしもそんなことはございません。

●村山富市（1924～）「ザ・リバティ」1995年11月号「過去世物語」には、村山富市氏の過去世は、古代の朝鮮半島にあった新羅の漁村の寄り合いの長で、名前は遺っていないことが紹介されている。

麻生太郎守護霊　いや、いやいやいやいや。それによって、もし〝変なの〟が出てきたら、安倍政権に迷惑《めいわく》がかかる恐《おそ》れがあるからさあ。安倍さんが偉いのはいいけど、わしはもう、そんなに偉くなくてもええので。もう終わったので。もう終わった人やから。うーん。

九鬼　さすがですね。やはり、そういうことをお考えですか。

麻生太郎守護霊　うん。もうそんな偉い人である必要はない。全然ない。うーん。

九鬼　はい。本当に、安倍政権をサポートするためということで……。

麻生太郎守護霊　うーん。だからまあ、菅《すが》（義偉《よしひで》）さんと私は、今、そのつもりでやっとるので。「もうあとはない」と思ってやってるので、ええ。

いやあ、もう、例えば、彼（安倍総理）から石破《いしば》君に代わったとしても、やっぱり、そんなに強くないと思うなあ。あっという間に言論戦でやられてしまうような気がする。

10 「マクロの眼で判断」している麻生氏守護霊

自民党には「ポスト安倍《あべ》」をうかがう人材は「枯渇《こかつ》している」

加藤　今、ちょっと興味深いお話が出たので、関連してお伺《うかが》いしたいのですけれども、時期尚早《しょうそう》かもしれませんが、「ポスト安倍《あべ》」をうかがう人材として、自民党のなかでは、若い政治家ではどういった……。

麻生太郎守護霊　若い政治家……。若い政治家……。

加藤　元総理からご覧になって、若い人材のなかに、「これは」というような方がおられますでしょうか。

麻生太郎守護霊　もう、そらあな、民主党に人材がゼロなぐらいだし、うちにだって、ほとんど枯渇《こかつ》して、いないから、安倍さんを〝焼き直し〟て、もう一回使ってるぐらいですから。病気になられたら、もう終わりだからね。今、すごい激しくやってる……。

今、ローマ法王にも会いに行っちゃったりして、「もうほんまに大丈夫《だいじょうぶ》かな」っていうぐらい、「そこまでやらんでもええから、早う帰っていらっしゃい」っていう感じがするんだけどね。ローマ法王なんてお飾《かざ》りなんだから、あんなもん、会ったって時間の無駄《むだ》っちゅうか、もう、精力の無駄やからさあ。もう、ほどほどにしてもええと思うんだけど、すごい頑張《がんば》っちゃってね。

とにかく、無神論国家を包囲しようとしてやってるんだと思うんだよなあ、あれな。キリスト教徒ともつながって、包囲しようとしてるんだと思うけどさあ。

九鬼　それは、本当にいいことだと思います。

麻生太郎守護霊　うーん、だけど、体がもたんでなあ。日本の総理、きつすぎるよ。

九鬼　そうですね。

麻生太郎守護霊　君らが大統領選みたいのも言ってたけどさあ。大統領と首相と、〝二枚ある〟外国もあるよなあ。だから、首相のほうが、国内のまとめやってるけど、大統領は、海外だって行ける。まあ、逆でも構わないですけど、そのほうが、やっぱり楽は楽だよなあ。一人では、この両方はかなりきついなあ。

九鬼　そうですね。国会にも出席しなければいけませんので。

麻生太郎守護霊　うーん。実際、外務大臣が役に立ってないもんなあ。(外国は)外務大臣だけで納得《なっとく》しないんだもんなあ。だから、よそも、「トップが来るか」みたいなね。これ、実にきついなあと思う。もうちょっと、どうにかしたい。

いやあ、大川隆法さんはちょっと惜《お》しいことをしたなあと。天は二物《にぶつ》を与《あた》えたものに、宗教家になってしまって、政治家になれなかったのは、惜しいなあ……。

小林　ええ。じゃあ、そろそろ、よろしゅうございますかね。

麻生太郎守護霊　うーん。

小林　本当に今日は、素晴《すば》らしいコメントを……。

麻生太郎守護霊　いやあ、君に「麻生やめろ演説」をやられたと記憶《きおく》はしているけど。

小林　いえいえいえいえ（会場笑）。

麻生太郎守護霊　わしは決して恨《うら》んでないから。

小林　ありがとうございます。

麻生太郎守護霊　それは、全然、あるべき世論《せろん》だと思ってるから。

「漢字を間違《まちが》えて怒《おこ》られるから、もう一回総理になる気はない」

麻生太郎守護霊　わしは漢字が書けんからさあ。その分、英語は余分にちょっと勉強したつもりではおるんだがな。

小林　はい。

麻生太郎守護霊　英語を勉強して、漢字を忘れたんや。

小林　ええ。

麻生太郎守護霊　だから、もう一回総理になる気はない。また漢字を読み間違《まちが》えて怒《おこ》られるから。学習院が潰《つぶ》れるからもうやりたくはないし、皇室の権威《けんい》も落ちるし、皇室の子弟《してい》もみんな学習院を避《さ》け始めたから、わしのせいやろ、あれはきっとなあ。うん。みんな学習院を避けて、よそに行き始めたので。なんか、学習院が地に落ちてしまったので、わしが悪かった。漢字の勉強しなかったのが悪かったらしい。

小林　ええ。

麻生太郎守護霊　だから、成功は祈《いの》っとるよ。まあ、ちょっと大川さんが惜しかったなあ。でもなあ。

小林　（笑）

麻生太郎守護霊　教祖《きょうそ》はほかにもう一人は立てられんのかねえ。

小林　ええ、宗教のほうでされていきますので。

麻生太郎守護霊　うん。

小林　これから、幸福実現党も頑張って、力をつけてくると思いますので、またぜひ、ご指導、ご鞭撻《べんたつ》を頂ければと思います。

麻生太郎守護霊　まあ、うーん……。あのさあ、海江田《かいえだ》君と選挙区で争ってた、あの……。

加藤　与謝野《よさの》氏。

麻生太郎守護霊　与謝野なあ。

加藤　はい。

麻生太郎守護霊　与謝野の〝とっつぁん〟って言ったらいけないな。与謝野のおじさんじゃない、じいさんじゃない、まあ……、与謝野先生がだな、ご病気もいろいろあって、政界のほうは、もはや活躍《かつやく》できないような状態だから。与謝野さんのところぐらいで、あとやれば、君らの教団とわりに近いとこやしさあ、仕事はできるんじゃないかなあ。

小林　あっ、なるほど。それは一つの戦略といいますか、戦術で。

麻生太郎守護霊　どうやろ、どうやろ。

小林　ええ。教えていただきました。

麻生太郎守護霊　幸福実現党と、この自民党を兼任《けんにん》したらええ。

小林　ああ（笑）、そういうご提案ですか。

麻生太郎守護霊　兼任したらええよ。一派閥《はばつ》として認めるから。幸福実現党の派閥として。

小林　（笑）

「幸福実現党を報道させなきゃ駄目《だめ》だ」

加藤　幸福実現党には、神仏の心をしっかりと受け止めて、人々に伝え実現していくという、大きな使命が立党の理念としてございますので。

麻生太郎守護霊　いやあ、「いい仕事」はしてると思うよ。

だから、君らにだって議席もあげたい。だから創価学会《そうかがっかい》……、じゃないわ、公明党と入れ替《か》えたい気持ちはあるけど。なかなか今のところ、マスコミがさあ、頑強っていうか頑固っちゅうかさあ。宗教を理解してないので。君らをガンガン応援《おうえん》すればなあ。例えば、ニュースで流して、特報番組を組んだりして流したらさあ、もう当選者がいっぱい出てるはずなのに。あんなに珍《めずら》しいことが起きたのに報道しなくて、それで〝絞《し》め殺し〟に入ったからさあ。あれは〝四《よん》の字固《がた》め〟だよな。寝技《ねわざ》で絞め殺しに入って、「無視することで潰すっていう作戦」だよなあ。

だから、マスコミもちょっと淘汰《とうた》せなあかんかもしれないなあ、少しな。

小林　ええ。少しその感じはあるかなと思います。

加藤　時は、必ず近いうちに参りますので。

麻生太郎守護霊　いや、今のままではあかんよ。まだ、もうちょっとどうにかしないかぎり。

加藤　もちろん、私たちも日々、前進し、力をつけてまいります。

麻生太郎守護霊　やっぱり、幸福実現党を報道させなきゃ駄目《だめ》なのよ。

加藤　うん。

麻生太郎守護霊　報道させるための奇策《きさく》を考えなきゃいけないんだよ。真田幸村《さなだゆきむら》じゃないけども、奇策を考えなきゃいけないわけだよ。だから、幸福実現党総裁が、要するに、国会議員でなくとも、大臣になってもいいわけだし、自民党内閣の一人としてポンと入って、そこで発言したら、幸福実現党のことも言わざるをえなくなる。

小林　ええ。ええ。

麻生太郎守護霊　報道しなきゃいけなくなる。それで君らは当選してしまって、そちら（自民党）と連立すると。こういう作戦はどうだ？

下村《しもむら》氏に対し、「下っ端《ぱ》の役人に振《ふ》り回されるのは、判断力がない証拠《しょうこ》だ」

小林　ええ。要するに、今日は下村《しもむら》さんに対して、「そのくらい、幸福の科学や大川隆法総裁は自民党とそういう関係にあるんだよ」ということを、よくわきまえた上で、文科大臣をやれと。

麻生太郎守護霊　そうそう、そうそうそう。

そうでもあるし、「今、やれ」と言ったら財務大臣だって文部科学大臣だって、大川さんは現役《げんえき》で今すぐできるんだということを、よく知っといたほうがいいよということです。

小林　それをよく知った上で、日々の仕事と判断をしてくださいと。

麻生太郎守護霊　うん。だから、「バカな下っ端《ぱ》の役人に振《ふ》り回されるのは、判断力がない証拠《しょうこ》ですよ」と。

小林　ええ。

麻生太郎守護霊　それを知っておいてほしいなあと思うな。

小林　ええ。はい、ありがとうございました。

麻生太郎守護霊　わしはいちおう、あの学園の木村《きむら》理事長に会ったことはあるからさあ。お願いしにご挨拶《あいさつ》に行って、嫌《きら》って喧嘩《けんか》したそんな事実は全然ない（会場笑）。

九鬼　あっ、そうでございますか（笑）。よかった。

麻生太郎守護霊　それは、選挙の友好団体として表敬《ひょうけい》訪問してお相手していただいて、ずいぶんご立派な方だなあと思ってましたよ。ご立派で頭のよさそうな方で、やっぱりこの宗教は知的な方が多いんだなあと思って。あのころに比べたら、ずいぶん、〝頭も後退〟なされて、ご苦労なされてるんだろうなあと思うので（会場笑）。まあ、多少はご協力を申し上げたいなあっていう気持ちは、十二分にあるので、決して、わしに嫌われてるなんて思わないでほしいなあ。

小林　では、よく伝えておきます。本人も喜ぶと思います。

麻生太郎守護霊　うーん。だからねえ、三塚《みつづか》先生も、なんか応援されてたようだけど（『元大蔵《おおくら》大臣・三塚博《ひろし》「政治家の使命」を語る』〔幸福の科学出版刊〕参照）、安倍さんのお父ちゃんを（霊言で）出してきても一緒《いっしょ》だよ。私らと同じようなことを、たぶん言うはずだから。

あれはいい〝弾《たま》〟だから、取っといたほうがいいよ（会場笑）。

文科省が、もっとごねたりいじめたりいろいろしてきたときに、安倍さんの父ちゃんを出してぶつける。これを〝最終兵器〟として、上手に持っといたほうがいいよ。

小林　はい。分かりました。

麻生太郎守護霊　だから、〝動き〟があったときに使いなさい。

九鬼　ありがとうございます。

麻生太郎守護霊　それまでは、三塚さんとか、私とかが〝抵抗《ていこう》勢力〟として、内閣が不統一を起こさないように、なかでなるべくまとめるようにやっていくからさ。

小林　はい。どうもありがとうございました。本当にありがたいお言葉です。ありがとうございました。

「私らはマクロの眼で、ちゃんと幸福の科学を評価している」

麻生太郎守護霊　うん。だから、宗教は大事です！　宗教は大事です。

君たちは、古い宗教ではないけども、新しい宗教だけど、言っていることは立派です！　言っていることは立派だし、自民党に来て、自民党の政治家たちの勉強会の講師ができる人たちが、たくさんなかにいます！　だから、立派な方々です。だから、そんな筑波《つくば》大の学長だか、何だか知らんけど、変なおっさんがいろんなことを言うかもしらんけど、筑波大の学長なんて、今、誰《だれ》も知らないでしょ？

九鬼　はい。

麻生太郎守護霊　あんなもん。まあ、学内では知ってるだろうけどさ、学内を出たら、誰も知らない。誰がしてるなんか、知りやしないよねえ。だから、〝学内公人《こうじん》〟なんだ。

九鬼　（笑）

麻生太郎守護霊　だから、学外では、誰も知らない。君たちだって、宗教のなかでよく知られてるんだろうからさあ。宗教の内部では公人なんだからさ。「外で知られてないから使えない」みたいな言い方は、やっぱりおかしいと思うな。

九鬼　ありがとうございます。

麻生太郎守護霊　やっぱり、思いますねえ。これから、外にも知られるように努力したほうがいいよ。

九鬼　はい。そうさせていただきます。

麻生太郎守護霊　うん。私は、君たちの〝ヘソ曲がり〟を何連発か見てきたから、いやあ、胸がすく思いだねえ。「真田兵法」を超《こ》えてるよ。立派なもんだ。しっかり、やったらいいよ。

だから、（下村氏守護霊が）「財務省の税金上げ、消費税上げを反対するから、大学を認めない」みたいなことをいろいろ言ってるみたいだけど、そういう姑息《こそく》な手段をうちが使ってるように言われるのはちょっと心外なのでね。

私らは、もっとマクロで、大きな眼で、あなたがたが安倍政権を守ってくれてることは、ちゃーんと評価していますから。それは、「濡《ぬ》れ衣《ぎぬ》」だから。ここで、この場で言っておきたい。

予算のシーリング（制限）をかけてることは事実だけども、幸福の科学を狙《ねら》い撃《う》ちしてやっているわけではない。そういう、「幸福の科学のために予算を削《けず》られる」と思ってるのは、そらあ、被害妄想《ひがいもうそう》であってね。

要するに、「健全な社会をつくるためのリストラはあるべきだと考えている」ということだから。まあ、〝ブラック大臣〟としての発言ではあるけど、どうせ先はもう短いから。最後の戯言《たわごと》だと思って、聞いてくれよ。

九鬼　いやあ、ありがたいお言葉を、本当にありがとうございました。

小林　本日は、本当に貴重なお言葉を頂きまして、ありがとうございました。

麻生太郎守護霊　いやあ、君らも、何とかねえ。今のままじゃ、なんか洪水《こうずい》で陸地に流れ出した川の魚がさあ、水が引いて水たまりになった池のなかで、ピチピチ跳《は》ねてるような感じに、政党のほうとかがなってるからさあ。なんかかわいそうで、何とかしてやらないといかんなあとは思うとるんだけどなあ。〝四十七士の墓〟ぐらいは、そのうち建ててくれるかもしらん。

加藤　いえいえ。政党も必ず力をつけてまいりますから。

麻生太郎守護霊　菅《すが》さんが、きっと〝四十七士の墓〟を（会場笑）、君たち、〝幸福実現党四十七士の墓〟っていうのをきっとつくってくれるよ。

加藤　力をつけつつ、是々非々《ぜぜひひ》の判断で、いろいろとご一緒に仕事をさせていただくこともあろうと思いますので。

麻生太郎守護霊　言っとくけど、今のまんまじゃまだ勝てないよ。

加藤　突破《とっぱ》しなければいけない壁《かべ》は、当然、あるのは分かっています。

麻生太郎守護霊　（幸福実現党は）二〇一五年も、二〇一六年も、今のままじゃ勝てないよ。何か新兵法で破らなけりゃ、勝てないと思うよ。

小林　そうですね。

麻生太郎守護霊　なんか〝ウルトラC〟を使わないと勝てないと思うよ。マスコミが報道せざるをえなくなる社会的事件でなくてね、いいことというか、普通《ふつう》の政治的活動として報道せざるをえないようなものを用意しないかぎり、やっぱり駄目だと思うよ。

「オスプレイ賛成デモ」をやったって、報道はしてくれませんからね。それと同じようなもんでして、やっぱり、認めさせる努力をもう一段しなければいけないね。

例えば、「ミキチャンネル」（幸福実現党・大門未来《おおかどみき》広報本部長のYouTube《ユーチューブ》番組）に、麻生太郎を登場させるとか（会場笑）。まあ、いろいろやらなきゃいけないことは、いっぱいあるんじゃないか。

加藤　出ていただけますか（笑）。

麻生太郎守護霊　ああ、水着で出てくれるんだったら、考えてもいいよ。

加藤　（笑）（会場笑）

小林　分かりました。本日は、本当にありがとうございました。

麻生太郎守護霊　はい。はい。

加藤　貴重なご意見を頂き、本当にありがとうございました。

11　麻生副総理の守護霊霊言《れいげん》を終えて

大川隆法　（手を一回叩《たた》く）意外に面白《おもしろ》かったです。「外見でだいぶ損をしている」「漢字の読み違《ちが》えで、だいぶ損をした」ということでしょう。やはり、マスコミというものは、あのようにレッテルを貼《は》ったら、ずっと言いますからね。

「濡《ぬ》れ衣《ぎぬ》」ということで、（麻生氏守護霊は）打ち返しが速かったです。昨夜、私が本（前掲《ぜんけい》『文部科学大臣・下村博文《しもむらはくぶん》守護霊インタビュー』）を読んでいたところ、夜中に来ましたので、早めに「本心ではない」ということだけは言ってあげないといけないのかもしれません。

これで、交渉《こうしょう》が楽になったのではないですか。

九鬼　お力を頂きまして、本当にありがとうございます。

大川隆法　「財務省は別に反対してない」ということです。「成長戦略を持っている大学なら建てても構わない」と言ってくれています。ありがたいです。

この一言《ひとこと》は、〝千金《せんきん》〟かもしれません。これには、文科省の担当官も震《ふる》え上がるのではないでしょうか。

九鬼　「勘違《かんちが》いが甚《はなは》だしい」ということです。

大川隆法　「九鬼さんをなめた罰《ばつ》」というのは、どれほど怖《こわ》いか。

九鬼　（苦笑）

大川隆法　これから〝祟《たた》ってくる〟のでしょう。〝妖怪《ようかい》の本家《ほんけ》本元《ほんもと》〟のようなところをいじめた罪はどれほど重いか、これから分かってくるでしょう。

九鬼　頑張《がんば》らせていただきます。ありがとうございます。

大川隆法　では、以上です（手を一回叩く）。

あとがき

国家レベルの具体的成長戦略を持てる政治家は、現実には少ない。

麻生副総理が、菅《すが》官房長官と二人で名参謀をやっておられることが、安倍内閣がチャレンジングであっても、高支持率を維持できている理由でもあるのだろう。

本文中、麻生さん守護霊に、私のことを大臣でもできるかのような過分《かぶん》のおほめを頂いているが、私自身は浅学非才《せんがくひさい》の身で、一冊一冊の本で、自分の考えを世に問うのでせいいっぱいである。私のような元祖・凡人が、ねじりハチ巻きで千五百冊以上もの書物を刊行するというのは、ただ夜を日についで働き続けているだけである。
このたび国家の発展に寄与すべく、当教団でもささやかな大学を開学したいと願っているだけである。財務省さんにも、少しでもご理解頂ければ幸いであると、希望している次第である。

二〇一四年　六月八日

幸福《こうふく》の科学《かがく》グループ創始者兼総裁《そうししゃけんそうさい》　大川隆法《おおかわりゅうほう》

『副総理・財務大臣　麻生太郎の守護霊インタビュー』大川隆法著作関連書籍

『創造の法』（幸福の科学出版刊）

『文部科学大臣・下村博文守護霊インタビュー』（同右）

『早稲田大学創立者・大隈重信「大学教育の意義」を語る』（同右）

『究極の国家成長戦略としての「幸福の科学大学の挑戦」』（同右）

『ＮＨＫ新会長・籾井勝人守護霊本音トーク・スペシャル』（同右）

『朝日新聞はまだ反日か』（同右）

『小保方晴子さん守護霊インタビュー　それでも「ＳＴＡＰ細胞」は存在する』（同右）

『「嫉妬・老害・ノーベル賞の三角関数」守護霊を認めない
理研・野依良治理事長の守護霊による、ＳＴＡＰ細胞潰し霊言』（同右）

『元大蔵大臣・三塚博「政治家の使命」を語る』（同右）

『財務省のスピリチュアル診断』（幸福実現党刊）

副総理《ふくそうり》・財務大臣《ざいむだいじん》　麻生太郎《あそうたろう》の守護霊《しゅごれい》インタビュー
──安倍政権のキーマンが語る「国家経営論」──

2014年6月12日　初版第1刷

著　者　　大《おお》　川《かわ》　隆《りゅう》　法《ほう》

発行所　　幸福の科学出版株式会社

〒107-0052 東京都港区赤坂2丁目10番14号
TEL(03)5573-7700
http://www.irhpress.co.jp/

印刷・製本　株式会社 東京研文社

落丁・乱丁本はおとりかえいたします

ISBN978-4-86395-486-1 C0030
写真：Bloomberg／ゲッティ イメージズ

大川隆法 霊言シリーズ・**最新刊**

早稲田大学創立者・大隈重信「大学教育の意義」を語る

※幸福の科学大学（仮称）設置認可申請中

大学教育の精神に必要なものは、「闘魂の精神」と「開拓者精神」だ！近代日本の教育者・大隈重信が教育論、政治論、宗教論を熱く語る！

1,500円

日蓮聖人「戦争と平和」を語る

集団的自衛権と日本の未来

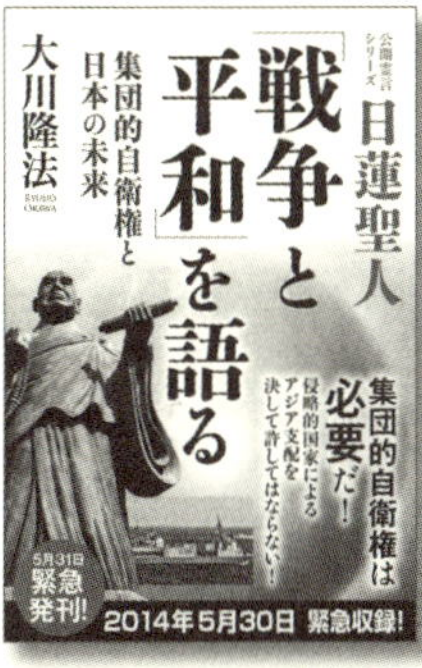

「集団的自衛権」「憲法九条」をどう考えるか。日本がアジアに果たすべき「責任」とは？ 日蓮聖人の「戦争と平和」に関する現在の見解が明かされる。

1,400円

自由の革命

日本の国家戦略と世界情勢のゆくえ

「集団的自衛権」は是か非か！？ 混迷する国際社会と予断を許さないアジア情勢。今、日本がとるべき国家戦略を緊急提言！

1,500円

大川隆法 ベストセラーズ・忍耐の時代を切り拓く

忍耐の法
「常識」を逆転させるために

人生のあらゆる苦難を乗り越え、夢や志を実現させる方法が、この一冊に──。混迷の現代を生きるすべての人に贈る待望の「法シリーズ」第20作!

2,000円

「正しき心の探究」の大切さ

靖国参拝批判、中・韓・米の歴史認識……。「真実の歴史観」と「神の正義」とは何か示し、日本に立ちはだかる問題を解決する、2014年新春提言。

1,500円

忍耐の時代の経営戦略
企業の命運を握る３つの成長戦略

豪華装丁 函入り

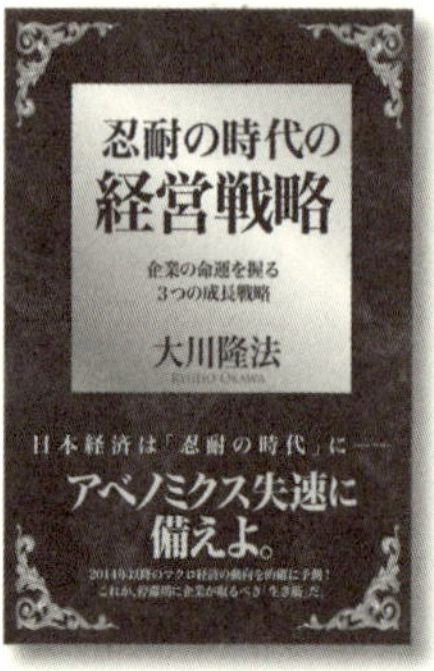

2014年以降のマクロ経済の動向を的確に予測! これから厳しい時代に突入する日本において、企業と個人がとるべき「サバイバル戦略」を示す。

10,000円

※表示価格は本体価格(税別)です。

大川隆法ベストセラーズ・大川隆法の魅力を探る

大川隆法の守護霊霊言

ユートピア実現への挑戦

あの世の存在証明による霊性革命、正論と神仏の正義による政治革命。幸福の科学グループ創始者兼総裁の本心が、ついに明かされる。

1,400円

政治革命家・大川隆法

幸福実現党の父

未来が見える。嘘をつかない。タブーに挑戦する――。政治の問題を鋭く指摘し、具体的な打開策を唱える幸福実現党の魅力が分かる万人必読の書。

1,400円

素顔の大川隆法

素朴な疑問からドキッとするテーマまで、女性編集長3人の質問に気さくに答えた、101分公開ロングインタビュー。大注目の宗教家が、その本音を明かす。

1,300円

大川総裁の読書力

知的自己実現メソッド

区立図書館レベルの蔵書、時速2000ページを超える読書スピード――。1300冊を超える著作を生み出した驚異の知的生活とは。

1,400円

大川隆法 霊言シリーズ・安倍政権のあり方を問う

安倍新総理 スピリチュアル・インタビュー

復活総理の勇気と覚悟を問う

自民党政権に、日本を守り抜く覚悟はあるか!? 衆院選翌日、マスコミや国民がもっとも知りたい新総理の本心を問う、安倍氏守護霊インタビュー。

【幸福実現党刊】

1,400円

吉田松陰は 安倍政権をどう見ているか

靖国参拝の見送り、消費税の増税決定—— めざすはポピュリズムによる長期政権? 安倍総理よ、志や信念がなければ、国難は乗り越えられない!

【幸福実現党刊】

1,400円

安倍昭恵首相夫人の 守護霊トーク「家庭内野党」の ホンネ、語ります。

「原発」「ＴＰＰ」「対中・対韓政策」など、夫の政策に反対の発言をする型破りなファーストレディ、アッキー。その意外な本心を守護霊が明かす。

1,400円

※表示価格は本体価格(税別)です。

大川隆法霊言シリーズ・歴代総理からのアドバイス

中曽根康弘元総理・最後のご奉公

日本かくあるべし

「自主憲法制定」を党是としながら、選挙が近づくと弱腰になる自民党。「自民党最高顧問」の目に映る、安倍政権の限界と、日本のあるべき姿とは。

【幸福実現党刊】

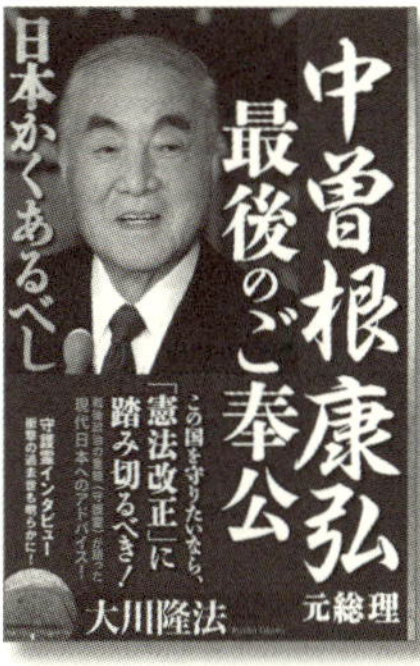

1,400円

大平正芳の大復活

クリスチャン総理の緊急メッセージ

ポピュリズム化した安倍政権と自民党を一喝! 時代のターニング・ポイントにある現代日本へ、戦後の大物政治家が天上界から珠玉のメッセージ。

【幸福実現党刊】

1,400円

宮澤喜一 元総理の霊言

戦後レジームからの脱却は可能か

失われた20年を招いた「バブル潰し」。自虐史観を加速させた「宮澤談話」――。宮澤喜一元総理が、その真相と自らの胸中を語る。

【幸福実現党刊】

1,400円

幸福の科学出版

幸福の科学グループのご案内

宗教、教育、政治、出版などの活動を通じて、地球的ユートピアの実現を目指しています。

宗教法人　幸福の科学

一九八六年に立宗。一九九一年に宗教法人格を取得。信仰の対象は、地球系霊団の最高大霊、主エル・カンターレ。世界百カ国以上の国々に信者を持ち、全人類救済という尊い使命のもと、信者は、「愛」と「悟り」と「ユートピア建設」の教えの実践、伝道に励んでいます。

（二〇一四年六月現在）

愛

幸福の科学の「愛」とは、与える愛です。これは、仏教の慈悲《じひ》や布施《ふせ》の精神と同じことです。信者は、仏法真理をお伝えすることを通して、多くの方に幸福な人生を送っていただくための活動に励んでいます。

悟り

「悟り」とは、自らが仏の子であることを知るということです。教学《きょうがく》や精神統一によって心を磨き、智慧《ちえ》を得て悩みを解決すると共に、天使・菩薩《ぼさつ》の境地を目指し、より多くの人を救える力を身につけていきます。

ユートピア建設

私たち人間は、地上に理想世界を建設するという尊い使命を持って生まれてきています。社会の悪を押しとどめ、善を推し進めるために、信者はさまざまな活動に積極的に参加しています。

国内外の世界で貧困や災害、心の病で苦しんでいる人々に対しては、現地メンバーや支援団体と連携して、物心両面にわたり、あらゆる手段で手を差し伸べています。

年間約３万人の自殺者を減らすため、全国各地で街頭キャンペーンを展開しています。

公式サイト　www.withyou-hs.net

ヘレン・ケラーを理想として活動する、ハンディキャップを持つ方とボランティアの会です。視聴覚障害者、肢体不自由な方々に仏法真理を学んでいただくための、さまざまなサポートをしています。

公式サイト　www.helen-hs.net

INFORMATION

お近くの精舎・支部・拠点など、お問い合わせは、こちらまで！

幸福の科学サービスセンター

TEL. 03-5793-1727（受付時間 火〜金：10〜20時／土・日：10〜18時）

宗教法人 幸福の科学 公式サイト　happy-science.jp

教育

学校法人 幸福の科学学園

学校法人 幸福の科学学園は、幸福の科学の教育理念のもとにつくられた教育機関です。人間にとって最も大切な宗教教育の導入を通じて精神性を高めながら、ユートピア建設に貢献する人材輩出を目指しています。

幸福の科学学園

中学校・高等学校（那須本校）
2010年4月開校・栃木県那須郡（男女共学・全寮制）
TEL **0287-75-7777**
公式サイト **happy-science.ac.jp**

関西中学校・高等学校（関西校）
2013年4月開校・滋賀県大津市（男女共学・寮及び通学）
TEL **077-573-7774**
公式サイト **kansai.happy-science.ac.jp**

幸福の科学大学（仮称・設置認可申請中）
2015年開学予定
TEL **03-6277-7248**（幸福の科学 大学準備室）
公式サイト **university.happy-science.jp**

仏法真理塾「サクセスNo.1」 TEL **03-5750-0747**（東京本校）
小・中・高校生が、信仰教育を基礎にしながら、「勉強も『心の修行』」と考えて学んでいます。

不登校児支援スクール「ネバー・マインド」 TEL **03-5750-1741**
心の面からのアプローチを重視して、不登校の子供たちを支援しています。
また、障害児支援の**「ユー・アー・エンゼル!」**運動も行っています。

エンゼルプランV TEL **03-5750-0757**
幼少時からの心の教育を大切にして、信仰をベースにした幼児教育を行っています。

シニア・プラン21 TEL **03-6384-0778**
希望に満ちた生涯現役人生のために、年齢を問わず、多くの方が学んでいます。

NPO活動支援

いじめから子供を守ろう!ネットワーク

学校からのいじめ追放を目指し、さまざまな社会提言をしています。また、各地でのシンポジウムや学校への啓発ポスター掲示等に取り組むNPO「いじめから子供を守ろう！ネットワーク」を支援しています。

公式サイト **mamoro.org**
相談窓口 **TEL.03-5719-2170**
ブログ **mamoro.blog86.fc2.com**

政治

幸福実現党

内《ない》憂《ゆう》外《がい》患《かん》の国難に立ち向かうべく、二〇〇九年五月に幸福実現党を立党しました。創立者である大川隆法党総裁の精神的指導のもと、宗教だけでは解決できない問題に取り組み、幸福を具体化するための力になっています。

党員の機関紙
「幸福実現NEWS」

TEL 03-6441-0754
公式サイト hr-party.jp

出版 メディア 事業

幸福の科学出版

大川隆法総裁の仏法真理の書を中心に、ビジネス、自己啓発、小説など、さまざまなジャンルの書籍・雑誌を出版しています。他にも、映画事業、文学・学術発展のための振興事業、テレビ・ラジオ番組の提供など、幸福の科学文化を広げる事業を行っています。

アー・ユー・ハッピー?
are-you-happy.com

ザ・リバティ
the-liberty.com

幸福の科学出版
TEL 03-5573-7700
公式サイト irhpress.co.jp

THE FACT

ザ・ファクト
マスコミが報道しない
「事実」を世界に伝える
ネット・オピニオン番組

Youtubeにて
随時好評配信中！

ザ・ファクト 検索

入会のご案内

あなたも、幸福の科学に集い、
ほんとうの幸福を
見つけてみませんか？

幸福の科学では、大川隆法総裁が説く仏法真理をもとに、
「どうすれば幸福になれるのか、また、
他の人を幸福にできるのか」を学び、実践しています。

入会

大川隆法総裁の教えを信じ、学ぼうとする方なら、どなたでも入会できます。入会された方には、『入会版「正心法語」』が授与されます。（入会の奉納は1,000円目安です）

ネットでも**入会**
できます。詳しくは、
下記URLへ。
happy-science.jp/joinus

三帰《さんき》誓願《せいがん》

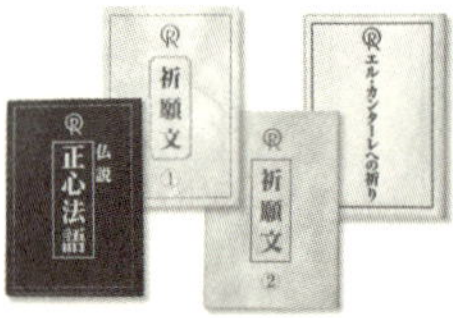

仏弟子としてさらに信仰を深めたい方は、仏・法・僧の三宝への帰依を誓う「三帰誓願式」を受けることができます。三帰誓願者には、『仏説・正心法語』『祈願文①』『祈願文②』『エル・カンターレへの祈り』が授与されます。

植福《しょくふく》の会

植福は、ユートピア建設のために、自分の富を差し出す尊い布施の行為です。布施の機会として、毎月1口1,000円からお申込みいただける、「植福の会」がございます。

「植福の会」に参加された方のうちご希望の方には、幸福の科学の小冊子（毎月1回）をお送りいたします。詳しくは、下記の電話番号までお問い合わせください。

月刊「幸福の科学」

ザ・伝道

ヤング・ブッダ

ヘルメス・エンゼルズ

INFORMATION	幸福の科学サービスセンター TEL. 03-5793-1727（受付時間 火〜金：10〜20時／土・日：10〜18時） 宗教法人 幸福の科学 公式サイト happy-science.jp